艺 考 同 步 辅 导 系 列 丛 书

艺考

中国历史题解

张 笛◎主编

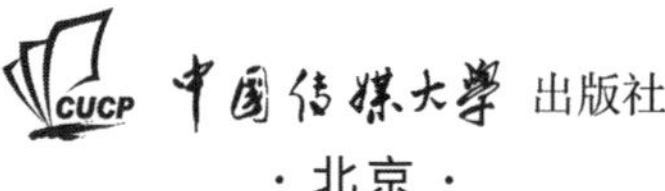

出版社
·北京·

前　言

随着高考竞争的日益激烈，愈来愈多的考生选择参加艺术类相关专业考试。艺术考试除了音乐、美术、舞蹈这三大门类外，还有影视传媒类，包括广播电视编导、影视表演、播音主持等专业。

本套丛书是专门为参加艺术考试的学生编写的考前辅导教材，适合广播电视编导、戏剧影视文学、戏剧影视导演、播音与主持艺术、表演、电影学、文化创意与策划、影视摄影与制作、录音艺术、艺术与科技、戏剧学、电视节目制作、摄影等专业的艺考生作为备考用书，也特别适合参加文艺常识、文化素养基础测试的考生。该套丛书包括《艺考：中国古代文学题解》《艺考：中国现代文学题解》《艺考：中国历史题解》《艺考：中国哲学史题解》，可满足考生备考各个考试科目的实际需求。

本书旨在帮助考生攻克文化素养基础测试中中国历史部分，严格按照《中国历史通识读本》(第二版)内容及考试真题的重点、难点、常考点编辑而成。中国历史知识点繁多、考查范围广泛，复习有一定难度。

为有效解决这一难题，方便考生全面掌握要点，本书将中国历史参考书的知识汇成一册，重点标记，清晰明了，有助于考生高效消化吸收考点。具体而言，本书分为以下三个模块：

一、考点归纳模块——系统全面，权威专业

本书所讲知识系统有序、编排科学，方便考生依据自身情况查漏补缺。另外，本书精选了各大高校近年来中国历史考试常考考点，使考生能够第一时间获取高频考点，从而节约复习时间，提高备考效率。

二、课后习题模块——解答详细，条理清晰

本书对《中国历史通识读本》(第二版)的课后习题进行了详细的解答，希望为

考生提供一定的参考。

三、典型习题模块——实用性强,学以致用

典型习题模块使考生在背诵知识点的同时能够趁热打铁,实现有效自测。值得一提的是,本书中的各类素材还能提升学生的基本素养和知识积累,对于备考其他考试科目也有一定的帮助。

由于组织策划的局限和时间仓促,加之编者水平有限,书中难免有疏漏之处,敬请广大读者批评指正,并提出宝贵意见。

编　者

2020 年 11 月

目 录

第一章　中华民族的远祖

第一部分　考点归纳

一、旧石器时代的古人类

人类最早的工具是石器。起初有上百万年的时间，人类使用打制石器，这段时间被称为旧石器时代。当时的人类主要依靠狩猎和采集获取食物，在险恶的自然环境下过着群居生活。

旧石器时代中国境内的古人类：

(1)距今约 170 万年的元谋人(发现于云南元谋县)；

(2)距今 100 万年至 65 万年的蓝田人(发现于陕西蓝田县)；

(3)距今 70 万年至 20 万年的北京人(发现于北京周口店龙骨山)；

(4)距今约 3 万年的山顶洞人(发现于周口店龙骨山北京人遗址山顶上的洞穴)。

二、新石器时代的文化发展

距今 1 万年左右，我国进入新石器时代。新石器时代是指人类会制作并使用磨制石器的时代。氏族公社是这一时期普遍存在的社会组织形式。

新石器时代早期的文化代表：

(1)仰韶文化：发现于河南渑池县仰韶村，距今 7,000 至 5,000 年，黄河中上游地区新石器文化的主体。陕西临潼姜寨遗址和西安半坡遗址是其典型代表。居民的主要粮食作物是粟，彩绘陶器十分精美。

(2)大汶口文化：位于黄河下游地区，发现于山东泰安大汶口村。黑陶制作工艺高超，社会已出现贫富差别。

(3)河姆渡文化：位于长江下游地区，发现于浙江余姚河姆渡。居民种植水稻，并掌握了养蚕缫丝技术。

三、文明的曙光

新石器时代晚期的文化代表:

(1)龙山文化:发现于山东章丘龙山镇;

(2)红山文化:发现于内蒙古赤峰红山后;

(3)良渚文化:发现于浙江余杭良渚镇。

共同特点:(1)贫富分化加剧,氏族内部出现了权贵阶层;(2)氏族之间的联系更加密切,往往结成较大的部落,甚至更大的部落联盟;(3)阶级分化逐渐明显,国家开始萌芽。

四、先民的传说

1. 三皇

常见的指燧人氏、伏羲氏、神农氏。

2. 五帝

黄帝、颛顼、帝喾、尧、舜。

3. 陶寺遗址

陶寺遗址距今4,000余年,时间和地域与传说中的尧、舜、禹时代大致相符。

第二部分　课后习题详解

1. 谈谈旧石器时代的古人类。

答:有上百万年的时间,人类使用打制石器,这段时间被称为旧石器时代。当时的人类主要依靠狩猎和采集获取食物,在险恶的自然环境下过着群居生活,但都已经学会用火。我国旧石器时代早期的代表有元谋人和蓝田人,晚期的代表有北京人和山顶洞人。

元谋人:距今约170万年;蓝田人:距今100万年至65万年;北京人:距今70万年至20万年;山顶洞人:距今约3万年。北京人和山顶洞人的体质已与现代人基本相同,属于旧石器时代晚期人类化石的代表。

2. 谈谈新石器时代的文化发展。

答:新石器时代(距今1万年左右)是制作并使用磨制石器的人类物质文化发

展阶段。新石器时代产生了原始的农业，还出现了陶器，人们的生活渐渐稳定。氏族公社是这一时期普遍存在的社会组织形式。我国新石器时代的代表性文化有仰韶文化、河姆渡文化、大汶口文化、龙山文化等。

距今 7,000 至 5,000 年，黄河中上游地区新石器文化的主体是仰韶文化。那里的居民以粟为主要粮食作物，制作的彩绘陶器十分精美。与仰韶文化大致同时，黄河下游分布着大汶口文化，长江下游则有河姆渡文化，都发展到了相当高的水平。河姆渡文化的居民种植水稻，并且掌握了养蚕缫丝的技术。大汶口文化晚期出土的黑陶制作工艺高超。当时这里的社会已经出现贫富差别。距今 5,000 年左右，新石器时代进入晚期，黄河流域的仰韶文化和大汶口文化被龙山文化所代替。同时，在北方辽河上游有红山文化，长江下游则有良渚文化。各文化既有自身特点，又互相影响，在中华文明的衍生过程中都发挥了重要作用。到新石器时代晚期，社会经济有了更大发展，社会结构出现变动，贫富分化加剧，氏族之间的联系更加密切，国家开始萌芽。

第三部分　典型习题详解

一、填空题

1. 遗留化石残骸最多的是生活在北京周口店的距今 70 万年至 20 万年的________。

2. 生活在黄河流域的原始农耕居民是________。

3. 建造干栏式房屋的原始居民是________。

4. 半坡原始居民建造的是________的房屋。

5. 历史上把尧舜禹时期以原始民主方式推举首领的做法叫________。

6. “三过家门而不入”，用“疏”的办法治理洪水的是________。

7. 原始农业时期，黄河流域主要种植________。

8. 我国最早的人类化石为距今约 170 万年前的________。

9. 仰韶文化的代表器物是________。

【答案】

1. 北京人　2. 半坡人　3. 河姆渡人　4. 半地穴式　5. 禅让制　6. 大禹　7. 粟　8. 元谋人　9. 人面鱼纹彩陶盆

二、选择题

1. 下列不属于新石器中期文化遗存的是(　　)。

A. 仰韶文化　　B. 大汶口文化　　C. 河姆渡文化　　D. 龙山文化

2. 良渚文化主要分布于(　　)。

A. 长江下游的浙江省东部和江苏省南部

B. 黄河中下游地区的陕西、河南、山西、山东等

C. 山东省和江苏省北部部分地区

D. 黄河上游的甘肃、青海地区

3. 考古学家认为,大约在公元前1万年左右,我们的远古祖先开始进入新石器时代。与旧石器时代相比,新石器时代最基本的特征是(　　)。

A. 出现长期定居的村落　　B. 在生产中普遍使用磨制石器

C. 烧制陶器和纺织麻布　　D. 经营原始农业及饲养家畜

4. 我国境内发现的新石器时代文化遗址有一万多处,遍布黄河流域和长江流域。其中江南地区迄今为止发现的最早的新石器时代遗址是(　　)。

A. 河姆渡文化　　B. 仰韶文化

C. 龙山文化　　D. 红山文化

5. 下列说法正确的是(　　)。

①王位世袭制标志着我国历史上的氏族社会彻底瓦解,奴隶制社会已确立下来

②炎帝曾与黄帝大战于“涿鹿之野”,黄帝取得了胜利

③黄帝之后,地处黄河中游的颛顼和生活在黄河上游的共工部落发生了激战,最后颛顼取得了胜利

④中原地区部落联盟首领尧年老后,选舜为继承人,并传位给舜。舜年老后,传位给禹。这种职位继承制度史称禅让制

A. ①②④　　B. ①③④　　C. ①②③　　D. ②③④

【答案】

1. D　2. A　3. B　4. A　5. B

三、名词解释

河姆渡文化

答:河姆渡文化是中国长江下游地区的新石器文化,因首先发现于浙江余姚河

姆渡遗址而得名。该文化种植和饲养经济比较发达，骨器制作比较进步，在河姆渡遗址中出土的籼稻是世界上较早的人工栽培水稻，对于研究中国水稻栽培的起源及其在世界稻作农业史上的地位具有重大意义。房屋建筑颇为特别，是一种干栏式的建筑。此外，遗址中发现的水井遗迹是中国目前所知最早的水井遗迹。

四、简答题

试述家庭、私有制和国家的起源。

答：(1)家庭的起源

母系氏族公社转变为父系氏族公社的时间大约是5,000多年前，这一时期，女性在经济上已退居次要地位，婚姻形态向一夫一妻制过渡，父系氏族公社内部以男子为中心分裂为若干个大家庭，各大家庭内部又分裂为若干个一夫一妻的小家庭，以血缘为纽带的氏族公社瓦解，形成以地缘为纽带的农村公社。

(2)私有制的起源

父系氏族公社时期，随着社会生产力的发展，人们的劳动产品除使用外有了部分剩余，氏族内部产生了贫富分化，私有制开始产生。私有制的出现主要反映在这个时期的墓葬中，死者随葬品多寡悬殊，可见当时出现了贫富分化的现象。由于人们占有私有财产的多寡不同，人与人之间的原始平等性逐渐消失，不平等的关系也就是阶级对立关系逐渐形成，社会结构也在重新组合：富有者成为氏族贵族，即奴隶主的前身，贫困者往往要承受富有者的剥削和奴役，从而沦为奴隶。

(3)国家的起源

中国古代国家是在各个发生了阶级分化的氏族部落间的冲突与联盟中形成的，不同于欧洲历史上任何国家兴起的形式。

距今5,000年左右，我国的新石器时代进入晚期，社会经济有了更大发展，促进了社会结构的变动。贫富分化加剧，氏族内部出现了权贵阶层。氏族之间的联系更加密切，往往结成较大的部落，甚至更大的部落联盟。很多地方出现了由夯土城墙包围的古城，表明各种集团之间的冲突日益激烈。部落、氏族首领通过战争扩大财富和权力，战俘和一些贫苦的氏族成员则沦为奴隶。阶级分化逐渐明显，国家开始萌芽。

第二章　早期王朝:夏、商、西周

第一部分　考点归纳

一、夏与商

1. 夏朝的建立

约公元前2070年,"有夏氏"部落的禹因治水有功被推举为部落联盟长。禹死后,由他的儿子启继任,形成了中国最早的世袭王朝夏朝。禹被看作夏朝的第一代国君。夏朝建立了职官、军队、刑法、监狱等一套国家机器。它的统治中心在今河南西部和山西南部,这一带发现的二里头文化被认为是夏朝的遗存。

2. 商朝的建立

约公元前1600年,黄河下游的商部落首领汤推翻了暴虐无道的夏朝末代君主桀,建立商朝。商朝前期屡次迁都,后来把都城迁到殷,从此稳定下来,因此商朝又称殷朝,商又称殷商。

二、西周

1. 西周的建立

周原是商的属国。建立周朝后,定都于镐,史称西周。

2. 分封制和井田制

(1)分封制:西周在政治上实行分封制。周王把土地和百姓封授给王族子弟、功臣和先代贵族,让他们在地方建立世袭的诸侯国。诸侯要服从周王的命令,定期朝见并贡献财物,派兵随从作战。诸侯在国内将土地、百姓分封给子弟或功臣,称卿大夫;卿大夫再将土地、百姓分赐子弟,称士。这样,就在统治集团内部形成了金字塔形的等级结构。

(2)井田制：西周在经济上实行井田制。周朝的土地名义上都属于周王，其中大部分通过分封被赐给诸侯等各级贵族，受封者可以世代占有，但不能转让买卖。开垦土地通常有整齐的划界，形同“井”字，故称“井田”，其中包括公田和私田。

三、青铜器的铸造

青铜铸造业是夏、商、西周手工业的主要部门，所铸主要是祭祀用的礼器、乐器，也有兵器、工具和车马器。夏朝的青铜器已有不少种类，但形态和纹饰还比较简单。商朝后期，青铜器铸造达到很高水平，造型雄奇，纹饰华丽。代表作品为司母戊方鼎。

四、甲骨文和金文

甲骨文是中国文字发展早期阶段的文字样态。商朝统治者十分迷信，遇事通常要用烧灼龟甲、兽骨的方式占卜，然后将占卜经过和结果刻写在龟甲、兽骨上，就形成了甲骨文。

金文是商周青铜器上铸刻的文字。商朝后期开始出现金文，但铸刻的字数还比较少。到西周，不少青铜器上都铸刻有较长的金文，记录了周朝贵族接受封赏、出征作战等重大活动。金文从甲骨文脱胎而来，也是汉字发展史中的一个重要阶段。

【真题回顾】孟子说：“天子之制，地方千里，公、侯皆方百里，伯七十里，子、男五十里，凡四等不能五十里，不达于天子，附于诸侯，曰附庸。”这反映的中国古代政治制度是(　　)。

A. 禅让制　　B. 分封制　　C. 郡县制　　D. 和井行制

【答案】B

第二部分　课后习题详解

1. 夏、商、西周对疆土的统治是怎样逐步加强的?

答：夏启的继任破坏了禅让制，形成了中国最早的世袭王朝。夏朝建立了职官、军队、刑法、监狱等一套国家机器，以此加强国家管理。

商王朝建立了一套比较完整的国家机构。中央分设管理政务的卿事寮和主持祭祀的太史寮两大机构。地方用侯、邦伯加强各地的统治，还有大批宫廷侍卫。同时，商朝王室掌握有大批武器和军队，贵族还设立了残酷的刑法和监狱。另外，还使用宗教观念来巩固其统治地位,商王甚至自称是“上天”在人间的代表(即“天子”的观念),把神权和王权结合起来。

西周在政治上实行分封制。周王把土地和百姓封授给王族子弟、功臣和先代贵族,让他们在地方建立世袭的诸侯国。诸侯要服从周王的命令,定期朝见并贡献财物,派兵随从作战。诸侯在国内将土地、百姓分封给子弟或功臣,称卿大夫;卿大夫再将土地、百姓分赐子弟,称士。这样,就在统治集团内部形成了金字塔形的等级结构。西周在经济上实行井田制。周朝的土地名义上都属于周王,其中大部分通过分封被赐给诸侯等各级贵族,受封者可以世代占有,但不能转让买卖。西周通过这样的方式加强国家统治。

2.**谈谈甲骨文和金文**。

答:甲骨文是中国文字发展早期阶段的文字样态。商朝统治者十分迷信,遇事通常要用烧灼龟甲、兽骨的方式占卜,然后将占卜经过和结果刻写在龟甲、兽骨上,就形成了甲骨文。有字的商朝甲骨迄今已出土10余万片,为研究商朝历史和古文字提供了丰富资料。甲骨文是一种十分成熟的文字。目前见到的甲骨文单字已达5,000个以上,能够完全识读出来的有1,000多字。今天汉字构成的几种基本方式,在甲骨文中都已出现。甲骨文的语法也很完备,表明它已经有相当长时间的发展和演变。

金文是商周青铜器上铸刻的文字。至今发现有文字的商周青铜器超过1万件。商朝后期开始出现金文,但铸刻的字数还比较少。到西周,不少青铜器上都铸刻有较长的金文,有的长达几百字,记录了周朝贵族接受封赏、出征作战等重大活动。金文从甲骨文脱胎而来,稍显简化,线条较为平直。它也是汉字发展史中的一个重要阶段。

第三部分　典型习题详解

一、填空题

1.禹死后,禹的儿子________夺取政权,建立夏朝,从此,________制代替了“禅让制”,“家天下”代替了“公天下”。

2.我国历史上第一个有出土文字证实的王朝是________。

3.商朝时,商王盘庚迁移都城,史称“________”,从此国力日益强盛。

4.为了巩固统治,周天子把土地和平民分给亲属、功臣等,封他们为诸侯,这种制度叫________。

5. 青铜器中著名的大方鼎是________。

【答案】

1. 启　王位世袭　2. 商朝　3. 盘庚迁殷　4. 分封制　5. 司母戊方鼎

二、选择题

1. 夏启取得了对有扈氏的胜利，意味着夏王朝稳定了政权，站稳了脚跟的战役是（　　）。

A. 鸣条之战　　B. 甘之战　　C. 牧野之战　　D. 泓之战

2. 我国传世的第一部历法相传是（　　）。

A.《殷历》　　B.《夏小正》　　C.《周历》　　D.《太阳历》

3. 夏王朝正式建立的标志是（　　）。

A. 葵丘之会　　B. 孟津之会　　C. 钧台之享　　D. 涂山之会

4. 下列关于夏商周时期文化的表述，不正确的是（　　）。

A. 夏商周时期是中华文明的勃兴时期，为中国文化奠定了基础

B. 商代时期甲骨文已成为较成熟的文字

C.《周易》是我国最古的官方史书，《尚书》是我国最古的占卜用书

D. 干支纪日法是世界延续至今的最长的纪日方法

5. 商朝号称“青铜时代”，下列（　　）不符合当时的历史情况。

A. 商朝青铜器已广泛用于农业和手工业生产

B. 商朝青铜业生产具有较高技术水平

C. 商朝青铜器具有极高的艺术价值

D. 商朝青铜制造是手工业生产的主要部门

6. 商代青铜器物，特别是礼器，大都造型美观，纹饰工巧。各种青铜器上的主体花纹是“（　　）”。

A. 石雷纹　　B. 回纹　　C. 波浪纹　　D. 兽纹

7. 我们从甲骨文中有可能了解的历史内容是（　　）。

A. 我国历史最早的确切纪年　　B. 关于闰年、冬至日的用法

C. 对月食的最早的科学解释　　D.“地理”名称的首次提出

8. 我国有确切历史纪年的开始时间是（　　）。

A. 鲁隐公元年　　B. 周平王元年　　C. 共和元年　　D. 武王伐纣

9. 周王室东迁以后，王室势力衰落的表现是（　　）。

①王畿之地大大缩小　　②诸侯不再听从天子的命令

③诸侯不再朝觐和纳贡　　　　④被迫依附于强大的诸侯

A. ①②③　　B. ②③④　　C. ①②④　　D. ①②③④

10. 下列（　　）符合西周时期的社会经济现象。

①以青铜为主要农具　　　　②出现刺绣品

③建立了邮驿传递制度　　　④以贝作为货币

⑤用漆工艺装饰车

A. ①②③④　　B. ②③④⑤　　C. ②③⑤　　D. ①③⑤

【答案】

1. B　2. B　3. D　4. C　5. A　6. D　7. B　8. C　9. D　10. B

三、名词解释

井田制

答：井田制出现在西周，周朝的土地名义上都属于周王，其中大部分通过分封被赐给诸侯等各级贵族，受封者可以世代占有，但不能转让买卖。开垦土地通常有整齐的划界，形同“井”字，故称“井田”，其中包括公田和私田。农民集体耕种公田，将收获物缴纳给贵族，然后才能耕种自己的私田。

第三章　春秋战国时代的政治社会变革

第一部分　考点归纳

一、列国纷争与民族融合

1.春秋战国的开始

(1)公元前770年,周平王将都城迁到洛邑,此后的周朝被称为东周。春秋战国的分界线有多种说法。较常见的一种是以公元前476年为春秋的结束,公元前475年为战国的开始。公元前256年周王室被秦国吞并,东周灭亡。战国则结束于公元前221年秦朝统一。

(2)春秋:公元前770年到公元前476年。

(3)战国:公元前475年到公元前221年。

2.春秋时期的霸权争夺

春秋五霸:齐桓公、晋文公、楚庄王、吴王夫差、越王勾践。

3.战国时代的格局变化

(1)三家分晋:公元前403年,晋国的韩、赵、魏三家大夫将晋国瓜分。

(2)田氏代齐:齐国大夫田氏废掉姜姓国君而成为诸侯。

(3)“战国七雄”:齐、楚、燕、韩、赵、魏、秦。

二、经济的发展

1. 农业

铁农具、牛耕的出现成为我国农业技术史上的第一次革命。各国兴建了不少水利灌溉工程。战国时秦国蜀郡守李冰在成都平原岷江上修建的都江堰,至今仍在使用。

2. 手工业

青铜铸造和漆器、纺织等技术都有很大进步,各国普遍使用金属铸币。

三、各国的改革和变法

各国的经济发展推动了社会变化。到战国时期,以等级分封制为基础的社会秩序已经解体。在兼并战争日益激烈的形势下,各国出于提高统治效率、富国强兵的目的,纷纷进行变法,建立起君主集权的新型管理体制,为以后大一统帝国的出现在制度上作了准备。其中比较重要的,有魏国的李悝变法、楚国的吴起变法,而尤以秦国的商鞅变法影响最大。

第二部分　课后习题详解

1. 为什么战国时期会出现变法运动?

答:战国时期,以等级分为基础的社会秩序已经解体,各国出于提高统治效率、富国强兵的目的,纷纷进行变法,建立起君主集权的新型管理体制,为以后大一统帝国的出现在制度上作了准备。

(1)经济方面:战国时期随着生产力的不断发展,铁农具和牛耕的普及,土地私有化程度不断加剧,原有的井田制限制了经济的发展,无法满足新的生产关系的需要。

(2)政治方面:战国时期各国兼并战争愈演愈烈。

(3)思想方面:春秋战国时期百家争鸣,各种思想并行于世。每个思想家都在寻求将自己的治国之道付诸实践的机会。正是因为有了这些专业的人才,才给各国变法提供了理论基础。

2. 谈谈商鞅变法。

商鞅变法的措施分两次推行。

公元前 356 年,秦孝公任用商鞅进行第一次变法,主要内容有:在百姓中实行什伍连坐,互相纠察告发;强制将大家庭拆散为个体小家庭;重农抑商,奖励耕织;奖励军功,贵族无军功者剥夺其特权。

公元前 350 年,商鞅又推行了第二次变法,主要内容有:完全废除井田制,铲除田界,推动土地私有制发展;普遍推行县制,县的官员由君主任免;统一度量衡。

商鞅变法沉重打击了旧贵族的利益,遭到反对,商鞅以严刑峻法的铁腕手段强力推行。秦孝公死后，商鞅被杀，尸体被车裂示众。但新法在秦国行用多年，取得显著成效，已经不可逆转。秦国本来比较落后，由于变法彻底，国力迅速上升，超越了东方六国。

商鞅变法是战国时期各国改革中最彻底的，它促进了秦国社会经济的发展，为秦国统一六国准备了物质和社会条件。

第三部分　典型习题详解

一、填空题

1. 春秋时期第一个霸主是________。

2. 战国初期，晋国一分为三，变成________、________、________三国，史称“三家分晋”，这也是山西被称为“三晋大地”的缘由。

【答案】

1. 齐桓公　2. 韩　赵　魏

二、选择题

1. 确立楚庄王霸主地位的重要战争是(　　)。

A. 城濮之战　　B. 崤之战　　C. 邲之战　　D. 弭兵之会

2. 下列不是春秋时代齐国管仲改革的内容的是(　　)。

A. 案田而税　　B. 寓兵于农

C. 废除井田制　　D. 士农工商专业分居

3. 关于春秋战国时期历史发展阶段特征的表述不正确的是(　　)。

A. 处在社会大变革时期

B. 诸侯林立，战乱频繁，导致社会经济停滞不前

C. 兼并战争客观上促进了民族融合和国家统一

D. 百家争鸣是社会大变革在意识形态领域的反映

4. 以下主张明显体现春秋战国时期儒家思想的是(　　)。

A. 仁者爱人，民贵君轻　　B. 万物虚无，祸福相倚

C. 兼爱非攻，节用尚俭　　D. 以法为教，今必胜昔

5. 从管仲的“相地而衰征”、鲁国的“初税亩”到秦国的商鞅变法，这些变革的最大作用和社会后果是(　　)。

A. 解放了生产力,促进了社会经济的发展

B. 不同程度承认土地私有,逐步出现了新的生产关系

C. 改变了国家的落后面貌

D. 使社会性质发生了根本性的变化

6. 认为商鞅变法是社会制度根本变革的最主要依据是(　　)。

A. 废井田,开阡陌,承认土地私有　　B. 抑制商业,奖励耕织

C. 废除贵族的世袭特权,奖励军功　　D. 废除分封制,建立县制

【答案】

1. C　2. C　3. B　4. A　5. B　6. A

三、名词解释

1. 战国七雄

答:战国七雄是指战国时期七个最强的诸侯国。春秋后期到战国前期,诸侯国林立,各国为了扩大实力,纷纷变法改革。变法完成以后,各国频繁开战,大国不断兼并小国,经过长期混战,一些中小诸侯国被吞并,主要只剩下齐、楚、燕、韩、赵、魏、秦七个大国,被称为“战国七雄”。

2. 三家分晋

答:春秋后期到战国前期,一些诸侯国的卿大夫取代国君掌握了实权。公元前403年,晋国的韩、赵、魏三家大夫将晋国瓜分。公元前403年,周威烈王正式册命韩虔、赵籍、魏斯为诸侯,史称“三家分晋”。公元前376年,韩、赵、魏最终废除晋静公,三分其残余领地,晋灭。“三家分晋”成为春秋时代和战国时代的分界点,同时也标志着新兴地主阶级登上历史舞台,推动了封建制度的确立。

第四章　先秦的文化

第一部分　考点归纳

一、孔子和老子

1. 孔子

孔子名丘，字仲尼，春秋后期鲁国人，是我国历史上影响最大的思想家和教育家、儒家学派的创始人。后世统治者将他尊奉为“圣人”。

思想主张：“仁”是思想体系的核心。提出“克己复礼”，主张“敬鬼神而远之”。

主要贡献：提出“有教无类”的教育思想。整理、编订了《诗》《书》《礼》《易》《春秋》等古代文献。

2. 老子

老子，姓李，名耳，楚国人，道家学派的创始人。现存的《老子》一书相传为其所作。

思想主张：提出“道”的哲学概念，政治上主张顺其自然的“无为”原则。

二、百家争鸣

1. 儒家

代表人物：孟子 荀子

孟子提出“性善论”和“民贵君轻”的民本主义思想，发展了孔子的“仁”和“仁政”理论，孟子被后世儒家尊为“亚圣”。荀子提出与孟子相反的“性恶论”，重点阐发了孔子关于“礼”的理论，强调礼在规范人们行为方面的作用，治国应当以礼为主，以法为辅。荀子认为人类既应该顺应自然界的规律，同时也可以通过主观努力改造自然。

2. 道家

代表人物：庄子

庄子在老子思想的基础上，更加强调万物的相对性，认为各种对立事物在本质上都是相同的。庄子反对社会进步，主张恢复人的自然本性，痛恨礼、法等各种约束。

3. 墨家

代表人物：墨子

墨家提倡“兼爱”，即无差别地爱一切人；主张“非攻”，反对列国的兼并战争；提出“尚贤”，就是反对任人唯亲，主张选用贤人。墨子的思想代表了当时下层平民的利益。

4. 法家

代表人物：韩非子

法家的主要思想是尊崇君权、提倡法治，与战国政治体制的变化相符，各国变法的领导者大都出自法家。韩非子是法家集大成的代表人物。他认为历史是向前发展的，应该根据现实进行改革，不必拘泥于古代的传统；主张严格以法治国，除君主外法律面前人人平等；倡导君主使用各种权术、阴谋达到独裁的目的。

5. 兵家

代表人物：孙武

兵家是以军事学为主要讨论对象的学派，代表人物有孙武、孙膑。兵家的代表作是《孙子兵法》，书中系统地总结了战略、战术方面的问题，叙述简洁而富有哲理，是具有世界影响的名著。

6. 名家

代表人物：公孙龙

名家是以逻辑学为主要讨论对象的学派。春秋战国时期，由于社会的大变革，“名实相怨”的情形十分严重，以致许多学派都提出了“正名”的主张，即按照自己的观点来校正每件事物的名和实，以调整其矛盾。

三、史学与文学

1.《春秋》

《春秋》为鲁国编年史，是我国现存最早的史学著作。

2.《左传》

成书于战国的《左传》，以《春秋》纪事为纲，增补了大量材料，是一部内容丰富、翔实的编年史名著。

3.《诗经》

《诗经》是我国第一部诗歌总集，收录了西周到春秋中叶的诗歌 305 篇，分为风、雅、颂三个部分。风是各诸侯国的民歌，大部分是春秋时的作品；雅是西周的宫廷乐曲歌辞；颂是宗庙祭祀的乐歌。《诗经》的人文精神和现实主义传统对后世文学产生了重大影响。

4. 楚辞

屈原是战国后期楚国的贵族。他采用楚国方言，利用南方民歌的形式，创造出一种新的诗歌体裁——楚辞。屈原的作品体现出强烈的爱国精神和浓郁的浪漫主义色彩，其中以《离骚》最为著名。

四、科技

1. 天文学

(1)商朝历法采用干支纪日，是世界上延续至今最为古老的纪日方法。商朝甲骨文中保留了我国最早的日食、月食记录。

(2)《春秋》中有世界上首次关于哈雷彗星的确切记录。战国时期，出现了世界上最早的天文学著作《甘石星经》。

(3)《墨子》中包含六篇被称为《墨经》的文章，探讨了不少物理学问题。

2. 医学

扁鹊是战国时的名医，他采用望、闻、问、切四诊法诊断病情，长期为以后的中医所沿用。

第二部分　课后习题详解

1. 先秦的儒家、道家和法家分别有哪些重要思想?

答:先秦时期，中国传统文化的核心内容逐渐形成。尤其是在春秋战国时期，社会的动荡和变革带来了思想文化的空前繁荣。

儒家是由中国历史上影响最大的思想家、教育家孔子所创立、孟子所发展、荀子所集大成，之后延绵不断的学术流派。孔子思想体系的核心是“仁”。“仁”就是尊重他人,有同情心。由此主张统治者行“仁政”,顺应民心,爱惜民力。孔子提出“克己复礼”,希望恢复西周的统治秩序。他在教育方面成就显著,提出了“有教无类”的办学思想。孟子发展了孔子的“仁”和“仁政”理论,提出“民贵君轻”的民本主义思想。荀子强调礼在规范人们行为方面的作用,治国应当以礼为主,以法为辅。同时荀子认为人类既应该顺应自然界的规律,同时也可以通过主观努力改造自然。

墨家的创始人是墨子。他主张“兼爱”,就是无差别地爱一切人;“非攻”,就是反对当时各国的兼并战争;“尚贤”,就是反对任人唯亲,主张选用贤人。墨子的思想代表了当时下层平民的利益。

法家的主要思想是尊崇君权、提倡法治,与战国政治体制的变化相符,各国变法的领导者大都出自法家。韩非子是法家集大成的代表人物。他认为历史是向前发展的,应该根据现实进行改革,不必拘泥于古代的传统;主张严格以法治国,除君主外法律面前人人平等;鼓吹君主使用各种权术、阴谋达到独裁的目的。

2. 谈谈《诗经》。

答:《诗经》是我国第一部诗歌总集,收录了西周到春秋中叶的诗歌305篇,分为风、雅、颂三个部分,其艺术技法被总结成“赋、比、兴”。风是各诸侯国的民歌,大部分是春秋时的作品;雅是西周的宫廷乐曲歌辞;颂是宗庙祭祀的乐歌。

《诗经》关注现实、抒发现实生活触发的真情实感,这种创作态度使其具有强烈深厚的艺术魅力,在中国文学史上具有崇高的地位和深远的影响。

3. 谈谈孔子。

答:孔子我国历史上影响最大的思想家和教育家、儒家学派的创始人。后世统治者将他尊奉为“圣人”。孔子思想体系的核心是“仁”,主张统治者行“仁政”,顺应民心,爱惜民力,反对苛政。孔子提出“克己复礼”,希望恢复西周的统治秩序。他不否认天命鬼神的存在,但更加注重人事,强调人的主观努力,主张“敬鬼神而远之”。孔子在教育方面成就显著。他以“有教无类”的思想办学,打破过去贵族阶层垄断文化教育的局面,推动文化知识向社会下层扩展。孔子的思想对中国和世界都有深远的影响。

第三部分　典型习题详解

一、填空题

1. 春秋战国之际的名医扁鹊创建的“________”,是中医至今沿用的方法。

2. ________被世界和平理事会定为世界文化名人，他的代表作是《离骚》。

3. 世界上最早的天文学著作是________。

【答案】

1. 四诊法　2. 屈原　3.《甘石星经》

二、选择题

1. 韩非子说："明主之国，无书简之文，依法为教；无先王之语，以吏为师。"这表示出韩非子的核心主张是(　　)。

A. 取消文字　　B. 提高官吏地位　　C. 否定先王功德　　D. 依法治国

2. 下列先秦思想家中提出"天下莫大于秋毫之末，而泰山为小；莫寿于殇子，而彭祖为夭"的相对论哲学思想的是(　　)。

A. 老子　　B. 杨朱　　C. 庄子　　D. 墨子

3. "左右皆曰不可，勿听；诸大夫皆曰不可，勿听；国人皆曰不可，然后察之，见不可焉，然后去之。"这种用人主张最有可能出自下列哪位思想家之口(　　)。

A. 墨子　　B. 荀子　　C. 孔子　　D. 孟子

4. 在战国时期显赫一时的法家后来衰败下去，主要是因为法家的理论(　　)。

A. 不利于确立中央集权制度　　B. 不利于缓和社会矛盾

C. 没有反映地主阶级的利益　　D. 不借鉴古代统治方式

【答案】

1. D　2. C　3. D　4. B

三、名词解释

百家争鸣

答：战国时期，在社会剧烈动荡的背景下，出现了众多的学说和学派，形成"百家争鸣"的局面，产生了各种思想流派，如儒、法、道、墨等。他们著书讲学，互相论战，出现了学术上的繁荣景象。百家争鸣基本形成了中国的传统文化体系，是中国历史上第一次大规模的思想解放运动，有力推动了中国历史的发展，是中国文化思想发展史上的重要时期，奠定了中国思想文化发展的基础。

四、简答题

试述"百家争鸣"的主要原因。

答：从政治方面看，战国时期处于社会大变革时期，社会动荡不安，诸侯林立，交相攻伐。各国为了在争斗中取得领先地位,竞相招贤纳士,运用不同思想学说以使自己的国家富足强大起来,这给百家争鸣创造了一个宽松的学术氛围。

从经济方面看,战国时期,由于封建的生产关系代替了奴隶制的生产关系,农业、手工业、商业都得到了极大的发展,社会经济呈现出繁荣的景象,这使得有些人有时间从事一些学术活动。

从文化方面看,春秋时孔子就推广私人讲学,打破了贵族垄断教育的历史,使得文化学术向社会下层扩散,这也推动了“百家争鸣”的出现。

从科技发展看,战国时的科学技术取得了较大进步,如天文学、物理学、医学等方面在当时均达到较高水平,这些科技成果标志着人们认识水平的提高。

此外,这一时期各个学派之间、同一学派的不同流派之间,既相互斗争又相互学习和借鉴,这也是促成百家争鸣的一个重要原因。

第五章　秦朝的兴亡

第一部分　考点归纳

一、秦朝的统一

1. 秦统一的建立

公元前 230 年至前 221 年，秦王嬴政在位时，以秋风扫落叶之势，相继灭掉了东方六国，建立起新的统一王朝，定都咸阳（今陕西咸阳东）。

2. 秦朝疆域

东起大海，西到陇西，南包岭南，北抵长城，人口达到 2,000 多万。

3. 秦朝修筑的大型工程

（1）长城：秦、赵、燕三国都在北部边境筑有长城。秦朝在此基础上进行连接、加固和延伸，建成了西起临洮临洮，东至辽东的万里长城。

（2）灵渠：灵渠位于今广西兴安县境内，是一条连接湘江和漓江的运河。它的长度只有 30 多公里，却联通了长江、珠江两大水系，促进了中原与岭南的经济文化交流。它也是世界现存最古老的人工运河之一。

二、君主专制中央集权制度的建立

1. 皇帝地位的确立

秦王嬴政统一六国后，将新王朝的君主定名为皇帝，自称"始皇帝"，史称秦始皇。为显示皇帝的独尊地位，规定皇帝自称"朕"，发布的命令专称为"制"或"诏"，印章专称为"玺"，对皇帝的名字要避讳。

2. 秦朝的中央官制

皇帝对国家事务拥有至高无上的最后决定权，具体管理工作则由从中央到地方一整套官僚机构来执行。中央设丞相、太尉、御史大夫等主要辅佐大臣。丞相协助皇帝主管全国行政。

3.秦朝的地方行政制度

地方上彻底废除分封制,推行郡县制,全国共设40余郡,郡下设县,郡县主要官员由中央任免和考核。县以下设乡、里等基层行政组织。国家权力自上而下延伸到社会底层。

4.秦朝为巩固统一所做的其他措施

(1)秦朝进行了"整齐制度"的工作,颁布了通行全国的法律,做到"事皆决于法"。

(2)推行户籍制度,登载每户的土地、人口数量及年龄,作为征发赋税、徭役的依据。

(3)统一文字、货币、度量衡。车同轨,书同文。

三、秦朝的暴政及其覆亡

1.焚书坑儒

公元前213年,秦始皇接受丞相李斯的建议,下令焚毁书籍,实行愚民政策。第二年,又以造谣惑众的罪名,在咸阳逮捕并坑杀了460余名儒生。这两件事合称"焚书坑儒"。

2.秦朝覆亡

公元前209年,陈胜、吴广率领几百名戍卒在大泽乡发动起义。起义军不久失败,其他起义部队由项羽、刘邦等人领导,继续斗争。公元前207年,刘邦的军队攻入咸阳,秦朝灭亡。

【真题回顾】《琅琊台刻石》记载:"普天之下,抟心揖志,器械一量,同书文字。"材料中的"文字"应是(　　)。

A.甲骨文　　B.金文　　C.小篆　　D.隶书

【答案】C

第二部分　课后习题详解

1.如何看待秦朝的历史地位?

答:秦朝存在的时间虽然很短,但由此开始的封建大一统与政治、经济等各方面的措施,在以后两千多年的封建社会中有着极深远的影响,在中国古代历史上具有划时代的意义。

(1)使统一思想深入人心。秦朝的统一结束了各国混战的局面,开创了封建大一统的时代，为我国统一的多民族封建国家的形成与发展打下了坚实的基础。从此，我国由地区性统一迈入全国性的多民族统一，统一成为历史发展的主流。

(2)开创中央集权制度。皇帝制度为以后历代王朝沿用，中央、地方官制为后世封建统治者继承与改造。秦律影响了后世封建律令的制定，国家依户籍征收赋税与征发徭役成为封建时代的根本制度。统一文字与度量衡对我国政治、经济、文化的发展有深远的影响。

(3)秦朝因暴政而亡的教训为汉初统治者所吸取，促成了西汉初年兴盛局面的出现，也被后世引以为鉴。

(4)秦朝疆域辽阔，具有较高的物质文明和精神文明。它声威远播，对古代世界影响巨大。

2.谈谈陈胜、吴广起义。

答:公元前209年，陈胜、吴广率领几百名戍卒在大泽乡发动起义。他们以"伐无道，诛暴秦"号召天下，建立政权，国号"张楚"，各地纷纷响应。不久失败，其他起义部队由项羽、刘邦等人领导，继续斗争。公元前207年，刘邦的军队攻入咸阳，秦朝灭亡。

此次起义沉重打击了秦王朝，揭开了秦末农民起义的序幕，从根本上动摇了秦王朝的统治，为后来的项羽、刘邦灭秦创造了有利条件，在中国农民战争史上占有重要地位，对后面的封建统治者也是一个极好的教育，汉初的休养生息政策和开明统治很大程度上是受农民起义的影响。

3.谈谈万里长城。

答:战国时期，为抵御北方游牧民族南下，秦、赵、燕三国都在北部边境筑有长城。秦朝在此基础上进行连接、加固和延伸，建成了西起临洮、东至辽东的万里长城。长城对抵御游牧民族骑兵的进攻起到了很大作用，保障了中原农业社会的安全。除了军事意义以外，长城以其雄伟的气势和博大精深的文化内涵，深深印在每个中国人的心中。长城对中国人来说，是意志、勇气和力量的标志，象征着中华民族的伟大意志和力量。

第三部分 典型习题详解

一、填空题

1.秦统一全国以后，规定通行全国的货币是________。

2.秦长城的起止点是________、________。

3. 中国历史上第一次大规模的农民起义的领导者是________、________。

【答案】

1. 圆形方孔铜钱　2. 临洮　辽东　3. 陈胜　吴广

二、选择题

1. 秦朝的“三公”是指(　　)。

A. 司马、司徒、司空　　B. 丞相、太尉、御史大夫

C. 丞相、大司马、大司空　　D. 太师、太傅、太保

2. 秦始皇焚书坑儒中,属于焚书的内容的是(　　)。

A. 秦博士所藏官书　　B. 列国史记

C. 医药、卜筮、种树之书　　D. 秦国史记

3. 下列有关秦汉监察制度的表述不正确的是(　　)。

A. 秦朝御史大夫负责监察百官

B. 汉高祖实行一套比秦朝更为严格的监察制度

C. 西汉刺史级别不高,但是巡查时代表中央,监察诸侯王和地方高官

D. 东汉刺史执掌州的军政大权

4. 秦始皇在全国范围内推行郡县制度,郡守和县令产生的方式是(　　)。

A. 世代相袭　　B. 地方推荐

C. 皇帝任命　　D. 考试选拔

5. 秦汉时期,中国已经开始走向世界的主要表现不包括(　　)。

A. 大秦王安敦派使臣从海道来到中国

B. 丝绸等技术传播到中亚和欧洲地区

C. 甘英出使大秦,为中西经济文化交流创造了条件

D. 中国与欧亚非许多国家开始了直接贸易往来

6. 古人对秦朝短暂而亡主要原因的分析,最接近史实的是(　　)。

A. 四维(礼义廉耻)不引,故万民离叛

B. 废先王之道,焚百家之言,以愚黔首

C. 秦之所以殄灭而降辱者,六王之后也

D. 乃举措暴众而用刑太极故也

【答案】

1. B　2. B　3. B　4. C　5. D　6. D

三、名词解释

三公九卿

答：三公九卿是指秦朝中央政府的高级官员。三公，即丞相、太尉、御史大夫，丞相协助皇帝主管全国行政。太尉协助主管军事，不常设。御史大夫为丞相副手，负责文书传达工作，兼管监察事务。三公之间互不统属，直接对皇帝负责。三公之下有九卿，如廷尉、奉常、典客等。三公九卿均由皇帝任免调动，不得世袭。

四、简答题

简述秦始皇加强中央集权的措施。

答：秦始皇加强中央集权的措施主要包含以下几个方面：

(1)创立皇帝称号，确保君主的绝对权威。

秦王嬴政统一六国后，将新王朝的君主定名为皇帝。他自称“始皇帝”，史称秦始皇。为显示皇帝的独尊地位，规定皇帝自称“朕”，发布的命令专称为“制”或“诏”，印章专称为“玺”，对皇帝的名字要避讳。

(2)中央官制的体系化。

皇帝对国家事务拥有至高无上的最后决定权，具体管理工作则由从中央到地方一整套官僚机构来执行。中央设丞相、太尉、御史大夫等主要辅佐大臣，以下设诸卿，分掌具体政务。

(3)地方上推行郡县制。

地方上彻底废除分封制，推行郡县制，全国共设 40 余郡，郡下设县，郡县主要官员由中央任免和考核。县以下设乡、里等基层行政组织。国家权力自上而下延伸到社会底层。

(4)其他措施。

秦朝进行了“整齐制度”的工作，颁布了通行全国的法律，做到“事皆决于法”；推行户籍制度，登载每户的土地、人口数量及年龄，作为征发赋税、徭役的依据。度量衡以秦国旧制为标准，推广到全国。货币统一使用秦国的圆形方孔铜钱。文字统一使用秦国的小篆。秦国还统一了车轨宽度，以咸阳为中心修筑四通八达的“驰道”，加强中央与地方的联系。

第六章　两汉的兴衰

第一部分　考点归纳

一、西汉的建立与休养生息

1.西汉的建立

秦朝灭亡后，反秦义军的两位领袖项羽和刘邦为争夺天下进行了四年战争。公元前202年，刘邦打败项羽，建立汉朝，定都长安(今陕西西安)，史称西汉。刘邦就是汉高祖。

2.休养生息

汉高祖吸取秦亡的教训，采取休养生息的政策。他让大批士兵回乡务农，授予田宅，一段时期内免除徭役；诏谕战乱中流亡者各归本土，重操旧业。他又将田租减轻到十五税一，下令将自卖为奴婢的人释放为平民。这些政策增加了农业劳动力，调动了农民的生产积极性。

3.文景之治

汉文帝、景帝在位期间，继续推行休养生息政策。这一时期，社会较为安定，经济恢复的效果十分明显，历史上称为“文景之治”。

二、汉武帝的功业

1.政治方面

汉武帝大力强化对地方的控制，采取分解、打击等手段，削弱了诸侯王国的势力，消除它们对中央的威胁；任用酷吏，严厉镇压地方豪强、游侠的不法行为，稳定社会秩序；还设立刺史，加强对地方官吏的监察。

2. 经济方面

国家加强对经济的干预。铸造五铢钱，作为通行全国的法定货币。实行盐铁官营，由国家垄断盐、铁这两种重要物资的生产和推销。国家插手并经营商业贸易，以增加收入，平抑物价。打击商人，向他们征收动产税，逃税者没收全部财产。

3. 思想方面

"罢黜百家，独尊儒术"。儒家学说自此获得了正统思想的地位。

【真题回顾】汉武帝即位后，改用布衣出身的公孙弘为相，又"从文学之士中选拔出严助、朱买臣、主父偃等人，让他们以加官出入禁省，顾问应对。逐渐地，以加官侍中、左右曹、诸吏、散骑、中常亭、给事中等身份侍从左右者，多达数十人，并由于时时被皇帝垂询而得参大政"。汉武帝此举的目的是(　　)。

A. 加强君主权力　　　　B. 解决王国问题

C. 抑制土地兼并　　　　D. 打击豪强贵族

【答案】A

三、从西汉衰亡到东汉建立

公元 9 年，外戚王莽乘乱篡夺皇位，改国号为新，西汉灭亡。公元 23 年，王莽政权被推翻。

公元 25 年，参加过农民起义的西汉宗室刘秀重建汉朝，不久定都洛阳，史称东汉。刘秀即汉光武帝。

四、东汉的衰落

公元 1 世纪末起，东汉政权开始出现衰落趋势。皇帝大多是幼年即位，由皇太后主持朝政，形成外戚专权的局面。皇帝成年后不甘心大权旁落，总是依赖亲信宦官铲除外戚势力，宦官又因而主宰朝政。

党锢之祸：166 年，宦官诬告大臣李膺等人与太学生结党营私，诽谤朝政，将其定为"党人"，大肆逮捕。169 年，又以谋反罪名发起新一轮对"党人"的迫害，李膺等 100 多人死于狱中。史称"党锢之祸"。

黄巾起义：184 年，在首领张角的组织下，各地太平道信徒同时发动起义，东汉的统治陷入混乱。但黄巾军缺乏统一的调度指挥，最终被官军各个击破。

第二部分　课后习题详解

1. 比较汉武帝与秦始皇的异同。

答:(1)相同点:秦始皇、汉武帝都是历史上公认的比较有作为的帝王,他们处在专制社会初期,处在长期分裂局面结束、大一统形成的时期。他们都励精图治,注重改革吏治,都开创了对后代影响深远的制度(如郡县制、中央集权制),都注重抵抗外敌侵略。

(2)不同点:①思想上,秦始皇统一中国的基础是商鞅变法(开始于秦孝公),商鞅是法家的代表,推崇以法度来治理国家,以致秦的刑法十分严酷。汉武帝推行的是尚法尊儒,提倡仁义德治与法治相结合。汉武帝接受董仲舒的建议,确立了"罢黜百家,独尊儒术"的政策。儒家学说自此获得了正统思想的地位。

②政治上,汉武帝更重视相权与皇权之间的冲突,极力削弱相权。

③经济上,秦始皇统一货币,推行半两钱;而汉武帝改革币制,改铸五铢钱。

④文化上,秦始皇实施"焚书坑儒"的政策,造成了文化上的重大损失;而汉武帝注重经书的编写,并设立了中国古代最高学府——太学。

2. 谈谈"黄巾军"。

答:在政治黑暗、民不聊生的局面下,民间宗教"太平道"传播日益广泛,发展了数十万信徒。184年,在首领张角的组织下,各地太平道信徒同时发动起义,东汉的统治陷入混乱。起义军头裹黄巾,称为"黄巾军"。黄巾起义事先经过长期准备,组织比较严密。它公开宣布要推翻东汉王朝,建立农民政权,比以前的农民起义有显著的进步。但黄巾军缺乏统一的调度指挥,最终被官军各个击破。

第三部分　典型习题详解

一、填空题

1. 公元前118年,汉武帝下令废半两钱,改铸________,这是我国货币制度史上的重要改革。

2. 汉光武帝为巩固统治所做的土地措施是________。

【答案】

1. 五铢钱　2. 度田

二、选择题

1. 元朔二年，(　　)上“推恩”之策，建议在诸侯王死后，除嫡长子继承王位外，其他王子可以分割王国的部分土地列为诸侯，列侯由皇帝分封，归郡统辖。

A. 董仲舒　　　　B. 公孙弘

C. 主父偃　　　　D. 晁错

2. 西汉初年刘邦大封同姓王，铲除异姓王，欲借此确保刘家天下。但后来却出现了“七国之乱”，造成这一现象的根本原因是(　　)。

A. 分封制违背历史潮流

B. 休养生息政策使诸侯国经济实力增强

C. 自然经济自身的分散性

D. 中央放松了对诸侯国的控制

【答案】

1. C　2. C

三、名词解释

文景之治

答：汉文帝、景帝在位期间，继续推行休养生息政策。他们多次下令减轻赋税和徭役，文帝曾一度免征田租，景帝将田租降为三十税一；又减轻秦朝以来的严峻刑罚，文帝废除犯罪亲属连坐的制度，用笞刑代替某些伤残肢体的肉刑，景帝继续减少笞刑的数目。当时官吏断案，也往往从宽。文帝和景帝还提倡节俭，大力减省财政开支。这一时期，社会较为安定，经济恢复的效果十分明显，历史上称为“文景之治”。

四、简答题

汉武帝在加强中央集权方面主要推行了哪些措施？

答：汉武帝在加强中央集权方面主要推行的措施有：

(1)政治方面，汉武帝大力强化对地方的控制。他采取分解、打击等手段，削弱诸侯王国的势力，消除它们对中央的威胁；任用酷吏，严厉镇压地方豪强、游侠的不法行为，稳定社会秩序；设立刺史，加强对地方官吏的监察。

(2)经济方面,国家加强对经济的干预。铸造五铢钱,作为通行全国的法定货币;实行盐铁官营,由国家垄断盐、铁这两种重要物资的生产和销售;国家插手并经营商业贸易,以增加收入,平抑物价。打击商人,向他们征收动产税,逃税者没收全部财产。

(3)思想方面,“罢黜百家,独尊儒术”,起用儒生做官,建立以儒学为主要标准的人才选拔和教育制度,将其他学派、学说排除在外。儒家学说自此获得了正统思想的地位。

第七章　两汉的制度与经济

第一部分　考点归纳

一、国家制度

1. 中央官制

(1)三公九卿制度:中央官员仍以丞相、太尉、御史大夫为首,丞相居于核心地位。这三个官职合称"三公"。丞相下设九卿分管各项事宜。

(2)"中朝":汉武帝设立的中央决策机构,目的是削弱丞相的权力,加强皇权。

(3)尚书台:东汉时期实际上的决策和发号施令的中枢机关。尚书台的设立加强了皇权。

2. 地方行政体制

(1)西汉初年,西汉部分恢复了分封制,与郡县制并行。汉武帝时,行推恩令,基本上解除了诸侯国对中央的威胁。

(2)汉武帝时,全国划分为 13 个监察区,称为州,各设刺史一名。刺史级别不高,但权力很大。东汉末年,刺史改称"州牧",演变为统辖一州的高级军、政长官。地方行政体制由郡、县两级制变成了州、郡、县三级制。

3. 官吏选拔制度

官员选拔方面,最主要的制度是察举。汉武帝时,下令各郡和封国每年向朝廷荐举"孝者""廉吏"各一人。后来"孝者""廉吏"合称为"孝廉",成为汉代察举最主要的科目。

二、农业

1.铁农具的普及

西汉出现了形制较大的耦犁,犁铧全由铁铸,宜于深耕。

播种方面出现了开沟、条播相结合的耧车。

2.新型耕作方式的出现

汉武帝时赵过在西北地区推行“代田法”,将一亩耕地分为三沟三垄,耕作时沟垄逐年代换以恢复地力,大大提高了粮食产量。

3.水利建设

关中形成了由郑国渠、漕渠、白渠、龙首渠等构成的水利网,其他地区也修建了为数众多的中小水利设施。

三、手工业

(1)纺织业:丝织是西汉纺织业最发达的部门,产品品种繁多,工艺精美,如马王堆出土的素纱单衣。

(2)冶铁业:开始用煤作为冶铁燃料,并使用淬火技术。东汉杜诗发明了水排,用水力鼓风冶铁,提高了工作效率。炼钢技术也有初步的发展。

(3)制盐业:沿海地区生产海盐,山西西南部利用天然盐池制造池盐,四川以掘井的方式挖取井盐。

(4)其他:漆器制造发达,工序复杂,工艺精美。制瓷技术在江南初步成型。造船业能够造出高达十几丈的楼船。

四、商业和城市

(1)重要的中心城市:长安、洛阳、临淄、邯郸、成都、宛。

(2)商业:西汉的商业十分繁荣,行业繁多、商品丰盛,与周边国家、民族的贸易也相当兴盛。东汉的商业活动仍然比较活跃,但金属货币的地位下降,商业显露出衰退的趋势。

第二部分　课后习题详解

1.谈谈汉代国家制度的概况。

答:(1)在中央,汉承秦制,实行“三公九卿”制。汉武帝时,选拔一批资历较浅的官员入宫参与决策，形成“中朝”，丞相的权力被削弱。到东汉，从“中朝”官员中发展出来的尚书台地位上升，重要事务多由皇帝与尚书台商议决定，再交付“三公”下发执行。

(2)在地方，西汉部分恢复了分封制，与郡县制并行。汉武帝时，行推恩令，并将全国划分为13个监察区，称为州，各设刺史一名。东汉末年，地方行政体制由郡、县两级制变成了州、郡、县三级制。

(3)官员选拔方面，最主要的制度是察举制。汉武帝时，下令各郡和封国每年向朝廷荐举“孝者”“廉吏”各一人。除察举以外，皇帝直接邀请某人做官，称为“征召”。

2.西汉经济发展取得了哪些重要成就？如何看待其在中国经济史上的地位？

答：西汉是中国古代商业非常发达的一个朝代，国家的稳定和交通的便利为商业的发展提供了良好的环境。不仅国内贸易，而且对外贸易也非常发达。通过丝绸之路西汉甚至与古罗马、印度等国家有间接的贸易关系。

(1)农业上，西汉铁农具的使用已相当普遍，牛耕也十分普及。水利建设成就显著，关中形成了由郑国渠、漕渠、白渠、龙首渠等构成的水利网，其余地区也修建了为数众多的中小水利设施。

(2)手工业上，官府手工业行业繁多，体系庞大。私营手工业也相当繁荣，西汉前期还出现了一批经营致富的大手工业者。丝织是纺织业最发达的部门，产品品种繁多。冶铁业规模相当大，已开始用煤作为冶铁燃料。漆器制造也很发达，工序复杂，工艺精美。制瓷技术在江南初步成型。造船业能够造出高达十几丈的楼船。

(3)商业上，全国形成了若干大的经济区域，首都长安与洛阳、临淄、邯郸、成都、宛并称为全国六大区域中心都市。城市之内设有专供贸易的“市”，其中店铺林立，行业繁多，商品丰盛。货币经济发达，通用黄金和铜钱作为交换媒介。汉朝与周边国家、民族的贸易也相当兴盛。

西汉在中国在中国经济史上占有重要地位，因为自西汉起，传统经济制度正式确立。

第三部分　典型习题详解

一、填空题

1.汉武帝时，颁布了________，基本上解除了诸侯国对中央的威胁。

2.西汉中央官制的“三公”具体是指________、________、________。

【答案】1. 推恩令　2. 丞相　太尉　御史大夫

二、选择题

1. 下列选项中不属于汉武帝时期削弱诸侯国势力措施的是(　　)。

A. 推恩令　　B. 左官律　　C. 平准法　　D. 附益法

2. 汉代实行编户制度的主要目的是(　　)。

A. 控制人口流动　　B. 维持地方的治安

C. 组织男丁练兵　　D. 确保赋税的征收

3. 下列选项中,不属于汉高祖时期的抑商政策的是(　　)。

A. 加倍征收赋税　　B. 实行"贵粟政策"

C. 商人不得为官吏　　D. 商人没有私田

4. 西汉前期实行的各种政策中,对武帝时期出击匈奴有直接影响的是(　　)。

A. 重农抑商　　B. 轻徭薄赋

C. 马复令　　D. 惠商政策

5. 针对"海内新定,同姓寡少"的特点,西汉统治者采取了下列哪一项措施?(　　)

A. 实行郡县与封国并行的制度　　B. 实行编户齐民制度

C. 颁布"附益之法"　　D. 下达"推恩令"

【答案】

1. C　2. D　3. B　4. C　5. A

三、名词解释

推恩令

答:"推恩令"是汉武帝为削弱诸侯王势力而颁行的一项重要法令。景帝时,以吴王刘濞为首的七个诸侯王发动叛乱,被朝廷派兵镇压。汉武帝即位后颁布"推恩令",允许并鼓励诸侯王将封国土地再分封给子弟,并封其为侯,使诸侯国的力量趋于分散,基本上解除了它们对中央的威胁。

第八章　两汉的边疆民族与中外交通

第一部分　考点归纳

一、匈奴与鲜卑

西汉前期，匈奴不断南下袭击汉朝边境。由于国力尚未恢复，西汉不得不通过“和亲”的策略尽量维持和平，并开放边境市场进行贸易。

汉武帝时，西汉国势强盛，对匈奴展开了反攻。公元前 127 年至公元前 119 年，汉将卫青、霍去病率军三次北伐，夺取了阴山以南和河西走廊的大片地区。

公元前 1 世纪中叶，匈奴发生内乱，呼韩邪单于控制了匈奴的局势，汉元帝将宫女王昭君嫁给他。此后 40 余年，双方关系和睦。

东汉初年，匈奴分裂为南、北二部。南匈奴归附东汉。公元 1 世纪后期，汉军两度出击，大败北匈奴。

匈奴西迁后，原居大兴安岭西侧的鲜卑占据大漠南北，一度形成统一的部落联盟，威胁东汉边境。但到东汉末年，鲜卑部落联盟又告瓦解。

二、张骞通西域与丝绸之路

1. 张骞通西域

汉武帝为联络西域国家共同对抗匈奴，于公元前 138 年派张骞首次出使西域。公元前 119 年，张骞第二次出使西域，当地诸国也纷纷派使者回访，汉朝与西域的联系日益密切。

2. 丝绸之路

张骞通西域以后，汉朝与西域各国的使者、商人接踵往来，大量丝织品不断西运，西域的珍奇特产也陆续输入内地。这条通道继续延伸，经中亚沟通南亚、西亚，被称为“丝绸之路”。中国与上述地区由此开始了比较频繁的经济文化交流。中国的铁器、丝绸以及养蚕缫丝、铸铁、造纸等技术逐渐西传。印度的佛教也通过丝绸之路传入中国。欧亚大陆的经济文化交流自此开始。

三、百越和西南夷

越人是我国上古时期东南和南部沿海地区的少数民族,部落繁多,分布广泛,故称百越。

秦汉时期,在四川西南部和云贵地区分布着几十个语言不同、风俗各异的民族,史书统称为“西南夷”。

四、海外交通

两汉时期,中国与日本地区及朝鲜半岛均有交流。

海上丝绸之路:汉朝人已经积累了一定的海上航行经验。汉武帝时,开辟了与东南亚、南亚等地的水上交通线,学者称之为“海上丝绸之路”。它从福建、广东沿海港口出发,沿印支半岛海岸线南下,经马六甲海峡,到达孟加拉湾沿岸各国,最远抵达印度半岛南端。

第二部分　课后习题详解

1. 汉朝与匈奴的关系是怎样发展变化的?

答:西汉与匈奴的关系大致经历了三个阶段:汉初屈辱性的“和亲”阶段、汉武帝时期大规模的战争阶段和“昭君出塞”以后的和睦相处阶段。

西汉前期,匈奴不断南下袭击汉朝边境。由于国力尚未恢复,西汉不得不通过“和亲”的策略维持和平,将宗室女子作为公主嫁给匈奴的单于,并开放边境贸易。

汉武帝时,西汉国势强盛,对匈奴展开了大规模的反攻。公元前 127 年至公元前 119 年,汉将卫青、霍去病率军三次北伐,夺取了阴山以南和河西走廊的大片地区,匈奴受到重创,被迫从漠南迁徙到漠北。

公元前 1 世纪中叶,匈奴发生内乱,呼韩邪单于控制了匈奴的局势,汉元帝将宫女王昭君嫁给他。此后 40 余年,双方关系和睦。

东汉初年,匈奴分裂为南、北二部。南匈奴归附东汉,移居到东汉北部境内。北匈奴仍居漠北,与东汉对抗。公元 1 世纪后期,汉军两度出击,大败北匈奴。北匈奴政权崩溃,其部众大多西迁。

2.如何理解张骞通西域的历史意义?

答:张骞出使西域的历史意义主要有:(1)打破了由于匈奴强盛所造成的中原地区与西域隔绝的状态。

(2)促进了以丝绸贸易为代表的中西之间的物质文化交流,为此后的国际贸易起了极大的推动作用。

(3)向西域各国传播了汉朝的信息,向朝廷介绍了西域各国的政治状况和风物民俗,从而加深了汉族人民和西域各族人民的相互了解,扩大了汉朝对西域的认识。

(4)扩大了反匈联盟,为最后击败匈奴创造了条件。

(5)张骞坚忍不拔的精神、热爱祖国的民族气节和勇于开拓的气魄鼓舞了后世的人们。

3.谈谈丝绸之路。

答:丝绸之路一般指陆上丝绸之路,从广义上讲又分为陆上丝绸之路和海上丝绸之路。

张骞通西域以后,汉朝与西域各国的使者、商人接踵往来,大量丝织品不断西运,西域的珍奇特产也陆续输入内地。这条通道继续延伸,经中亚沟通南亚、西亚,被称为"丝绸之路"。中国与上述地区由此开始了比较频繁的经济文化交流。中国的铁器、丝绸以及养蚕缫丝、铸铁、造纸等技术逐渐西传。印度的佛教也通过丝绸之路传入中国。

"海上丝绸之路"是指古代中国与外国交通贸易和文化交往的海上通道。汉武帝时,开辟了与东南亚、南亚等地的水上交通线,学者称之为"海上丝绸之路"。它从福建、广东沿海港口出发,沿印支半岛海岸线南下,经马六甲海峡,到达孟加拉湾沿岸各国,最远抵达印度半岛南端。沿着这条路线,汉朝与东南亚、南亚的许多国家和地区建立了联系。

第三部分　典型习题详解

一、填空题

1.为联合大月氏攻打匈奴,汉武帝派________出使西域。

2.汉明帝时期在洛阳建造的________是佛教传入中国后兴建的第一座官办寺院。

3. 汉朝在西域设置________,作为朝廷的代表镇守西域。

【答案】

1. 张骞　2. 白马寺　3. 西域都护

二、选择题

1. 今天的新疆地区是在下列哪个朝代中正式归属中央的?(　　)

A. 秦朝　　B. 西汉　　C. 东汉　　D. 唐朝

2. 汉代积极地经营西域地区,在河西走廊设有四郡,其中不包括(　　)。

A. 敦煌　　B. 天水　　C. 张掖　　D. 酒泉

【答案】

1. B　2. B

第九章　两汉的文化

第一部分　考点归纳

一、儒学的发展

儒家学说在汉武帝时获得“独尊”地位。“独尊儒术”的倡议者董仲舒，是汉代儒学最重要的思想家。董仲舒发挥先秦儒家重视等级名分的伦理思想，将其概括为“三纲”，又着重阐发了《春秋公羊传》提出的“大一统”概念。董仲舒还提出了“天人感应”理论，认为君主受命于天，百姓不可违抗；但同时君主也不应当胡作非为，以免触犯天怒。这些思想都适应了君主专制中央集权制度的需要。

【真题回顾】汉代流行谚语“遗子黄金满籯，不如教子一经”，这表明当时（　　）。

A. 儒家独尊　　　　B. 受到休养生息思想的影响

C. 民间教育的发展　　　　D. 中央集权的加强

【答案】A

二、史学

1.《史记》

中国历史上第一部纪传体通史，作者司马迁，西汉中期人。全书 130 篇，52 万余字，以人物传记为主，编年、纪事为辅，结构巧妙而周全。这种由司马迁首创的“纪传体”成为以后中国古代史学著作最重要的体裁。

2.《汉书》

中国第一部纪传体的王朝断代史，作者为东汉班固。他对《史记》所载西汉史事进行大规模增补，完成了专记西汉历史的《汉书》。全书 80 万字，体例更加严谨，文字典雅，内容充实。

三、文学

两汉文学最有特色的体裁是赋和乐府诗。

1.汉赋

赋是一种介于韵文和散文之间的文章,讲究铺陈排比,辞藻华丽。代表作品是枚乘、司马相如等人写的“大赋”。

2.乐府诗

乐府采集并配乐的民歌就是乐府诗,体裁以五言为主,代表作品是《古诗十九首》。

四、艺术

绘画:长沙马王堆西汉墓出土的彩色帛画,富有浪漫主义气息;内蒙古和林格尔东汉墓室中的几十幅彩色壁画是现实主义的艺术杰作。

书法:书法在东汉已经成为一种专门艺术,代表人物有崔瑗、蔡邕等。

五、科技

数学:《周髀算经》(概括了勾股定理)、《九章算术》(标志着中国古代数学已形成体系)。

医学:《黄帝内经》(奠定了中医理论的基础)、《神农本草经》(中国古代第一部药物学专著)。东汉末年,张仲景的《伤寒杂病论》,具体论述了中医的辨证施治方法,后人将他尊为“医圣”。华佗发明了世界上最早的外科手术麻醉剂“麻沸散”。

造纸术:我国是世界上最早发明纸的国家。105年,蔡伦向皇帝呈上他用树皮、麻头、破布、渔网等原料制造的纸,造价低廉并且宜于书写,人称“蔡侯纸”。

第二部分 课后习题详解

1.如何看待《史记》的历史地位?

答:《史记》由西汉著名史学家司马迁撰写,叙述了上起传说中的黄帝、下至汉武帝两三千年间的历史,是中国历史上第一部纪传体通史。全书130篇,52万余字,以人物传记为主,编年、纪事为辅,结构巧妙而周全。这种由司马迁首创的“纪传体”成为以后中国古代史学著作最重要的体裁,被誉为“创例发凡,卓见绝识”。《史记》本着“究天人之际、通古今之变、成一家之言”概括的宗旨,把经济发展、学术演变、民族关系、社会生活与国家的政治、军事活动融为一体，通贯而全面地反映了历史的面貌，体现了作者对历史深刻的洞察力和独到的见解。它在记载求真求实的同时，又能做到文笔优美流畅，人物形象栩栩如生，是一部集史学、文学、思想价值于一体的不朽名作。

2.谈谈两汉的科技成就。

答：两汉在数学方面取得了重要成果。西汉中期的《周髀算经》，从天文观测中概括出包括勾股定理在内的一些数学定理。东汉的《九章算术》汇集了200多道数学应用题及解算方法，囊括了初等数学的大部分内容，标志着中国古代数学已形成体系。

中医药学的体系在汉代已经建立。成书于战国至西汉之间的《黄帝内经》奠定了中医理论的基础。东汉时的《神农本草经》是中国古代第一部药物学专著。东汉末年，张仲景著《伤寒杂病论》，具体论述了中医的辨证施治方法，对后世影响很大，后人将他尊为“医圣”。同时期的名医华佗，发明了世界上最早的外科手术麻醉剂“麻沸散”。

我国是世界上最早发明纸的国家。西汉时已经出现植物纤维纸。105年，东汉宦官蔡伦向皇帝呈上他用树皮、麻头、破布、渔网等原料制造的纸，造价低廉并且宜于书写，人称“蔡侯纸”。从此，纸逐渐取代笨重的竹简和昂贵的绢帛成为主要书写材料，有力地推动了中国和世界文化的传播和发展。

第三部分　典型习题详解

一、填空题

1.汉武帝采取________的“罢黜百家、独尊儒术”建议，使儒家思想成为正统思想。

2.汉代的《________》标志着中国古代数学已形成体系。

3.东汉改进造纸术的人是________，后人称这种纸为“蔡侯纸”。

4.世界上最早发明地动仪的是东汉时期杰出的科学家________。

5.东汉后期的________被称为“医圣”，他的医学著作是《伤寒杂病论》。

6.创制出麻醉药——麻沸散的是东汉末年人________。

7.我国第一部纪传体通史是________。

【答案】

1.董仲舒　2.九章算术　3.蔡伦　4.张衡　5.张仲景　6.华佗　7.《史记》

二、选择题

1.由于汉朝统治者实行重农抑商政策,农业备受重视,因此发展迅速,具体表现在(　　)。

①开始出现"一牛挽犁"的牛耕法　②汉水流域出现稻麦轮作的种植方法

③人们学会了水稻的育秧移植技术　④水利事业发展,农耕区域扩大

A.①②③　B.②③④　C.①③④　D.①②③④

2.儒家思想之所以能够成为我国秦汉之后的统治思想,主要是由于(　　)。

A.董仲舒对儒家学说的发挥

B.儒家思想适应了君主专制统治的需要

C.汉武帝重用信奉儒学的人

D.儒家思想是西汉学校教育的主要内容

3.下列有关两汉手工业相关内容的叙述,正确的是(　　)。

①西汉煤已成为冶铁燃料,人们发明了淬火技术;

②长沙马王堆汉墓出土的漆器是汉代漆器中的精品;

③汉代橹、舵、布帆、锚的发明使用,表明造船技术的成熟

A.①②　B.②③　C.①③　D.①②③

【答案】

1.D　2.B　3.D

三、简答题

谈谈你对汉武帝实施"罢黜百家,独尊儒术"的看法。

答:(1)"罢黜百家,独尊儒术"的背景:

汉初,由于社会经济遭到严重破坏,统治阶级所面临的主要任务是恢复生产,稳定封建统治秩序,因此,政治上主张无为而治,经济上实行轻徭薄赋,思想上崇尚黄老之学。

武帝即位时,社会经济已得到很大恢复和发展。国家力量及地主阶级逐渐强大,农民和地主阶级之间的矛盾逐渐加剧,因此,从政治上和经济上进一步强化中央集权制度已成为封建统治者的迫切需要。在这种情况下,主张清静无为的黄老思想已不能满足统治者的需要;而儒家的大一统思想、"三纲五常"观念显然与统治

者面临的形势和环境相适应，于是，在思想领域，儒家最终取代了道家而居于统治地位。

(2)“罢黜百家，独尊儒术”的过程和措施：

①汉武帝采纳董仲舒的建议，以儒家的纲常名教来维护统治。

②设“五经”博士，使儒家经学在官府中更加完备。提拔布衣出身的儒生公孙弘为丞相，优礼延揽儒生数百人。

(3)“罢黜百家，独尊儒术”的影响：

独尊儒术以后，官吏主要出自儒生，儒家逐步发展，成为此后统治阶级统治人民的正统思想。虽然这样做不利于学术文化的发展，但在当时却有益于专制制度的加强和国家的统一。

第十章　三国两晋南北朝政权的更替

第一部分　考点归纳

一、三国与西晋

1.魏、蜀、吴的建立

(1)魏:200 年官渡之战中,曹操击败实力强大的袁绍,基本统一北方。208 年赤壁之战曹操战败,无力统一南北。曹操死后,其子曹丕于 220 年取代汉称帝,定都洛阳,国号魏。

(2)蜀汉:赤壁之战后,刘备进一步占领四川地区,221 年刘备称帝。

(3)吴:赤壁之战后,孙权巩固了在东南地区的统治,229 年孙权称帝。

2.西晋

263 年,曹魏权臣司马昭发兵灭蜀。266 年,司马昭之子司马炎代魏称帝,国号晋,史称西晋。司马炎即晋武帝。280 年,西晋灭吴,完成统一。316 年,西晋被内迁匈奴贵族刘渊建立的汉国所灭。

二、东晋与南朝

317 年,西晋宗室司马睿在建康(今江苏南京)重建晋朝,史称东晋。

自三国、西晋以来,一些声名显赫的士大夫家族世代把持官位,享受政治、经济等方面的特权,形成一个特殊的社会阶层,称为士族。

420 年,在动乱中掌握实权的武将刘裕篡夺皇位,国号宋。此后 170 年间,南方先后经历了宋、齐、梁、陈四个王朝,合称“南朝”。

三、十六国与北朝

东晋统治南方的时候,我国北方先后出现了一批割据政权。这些政权最主要的有15个，其中大部分是匈奴、鲜卑、羯、氐、羌5个少数民族建立的，加上西南地区的成汉，合称“十六国”。

十六国之后，北方相继出现北魏、东魏、西魏、北齐、北周五个王朝，合称北朝，与南朝并称南北朝。北魏是北朝统治时间最长的王朝。

第二部分　课后习题详解

1.中国古代多次出现南北分裂的局面，基本上最终都是北方统一南方。其原因何在?

答:经济上，历来是北方超过南方。一直到唐末经济重心南移，至宋代，南方经济才超过北方。因此宋以前，南北对峙中北方取胜主要依靠的是经济上的优势。而宋以后，除了经济因素外，更多的是地理因素。

南方物产丰富，在对峙与割据的时期，南方由于地形复杂，容易出现割据一方的小朝廷。北方地形开阔，容易形成较大规模的军事力量。北方归一，形成大规模的军事力量后长驱南下，南方小朝廷往往无力抗衡。

不过，北方统一南方依靠的并不仅仅是经济上和地理上的优势，最关键的还是人心向背以及政权内部建设的问题。如果政治清明，百姓和睦，那么统一则是大势所趋。纵观历史，北方统一南方都满足了以上几个条件。

2.谈谈曹操。

答:曹操字孟德，沛国谯县(今安徽亳州)人。东汉末年杰出的政治家、军事家、文学家。东汉末年，天下大乱，曹操以汉天子的名义征讨四方，对内消灭二袁、吕布、刘表等割据势力，对外降服匈奴、鲜卑等，统一了中国北方，并实行一系列政策恢复经济生产和社会秩序，奠定了曹魏立国的基础。曹操精兵法，善诗歌，抒发自己的政治抱负，并反映汉末人民的苦难生活，气魄雄伟，慷慨悲凉；散文亦清峻整洁，开启并繁荣了建安文学，史称建安风骨。

曹操在政治上采取的措施是加强中央集权，抑制地方豪强；用人唯才是举，不论出身。他虽然镇压过农民起义和滥杀过无辜人民，但从他在政治、军事、经济各方面的表现来看，他比被他消灭的那些军阀还是胜过一筹。比如他推行屯田，兴修水利，实行盐铁官卖制度，对社会经济的恢复和经济的整顿起了积极作用。

曹操喜爱文典和六艺之学，重视国家的文化建设，建立了魏国的国家藏书。

总的来看，黄河流域在曹操的统治下，政治有一定程度的清明，经济逐步恢复，阶级压迫稍有减轻，社会风气有所好转。

第三部分　典型习题详解

一、填空题

1. 标志着三国鼎立局面最终形成的事件是________。

2. 对南朝士族冲击最大的政治动乱是________。

3. ________于220年取代东汉称帝,定都洛阳,国号魏。

【答案】

1. 孙权称帝　2. 侯景之乱　3. 曹丕

二、选择题

1. 下列选项中,控制了西域政权的是(　　)。

A. 前秦　　B. 后赵　　C. 前凉　　D. 后秦

2. 曹操占据"天时"的重要举措是(　　)。

A. 占领关中建立基业　　B. 挟天子以令诸侯

C. 篡汉称帝,号令天下　　D. 尊王攘夷,兴复汉室

3. 两汉魏晋时代的察举制与九品中正制的相同之处在于(　　)。

A. 门第和出身不再成为选官的标准

B. 主要采取乡举里选的形式

C. 导致世家大族政治特权地位形成

D. 直接导致士族制度的出现

【答案】

1. A　2. B　3. C

三、名词解释

1. 官渡之战

答:官渡之战是曹操和袁绍为争夺对黄河中下游的统治权而进行的一场有决定意义的战争,是东汉末年"三大战役"之一,也是中国历史上著名的以弱胜强的战役。此战奠定了曹操统一中国北方的基础,对于三国历史的发展有着极其重要的影响。

2. 赤壁之战

答:赤壁之战是指三国形成时期,孙权、刘备联军于建安十三年(208年)在长

江赤壁一带大破曹操大军，奠定三国鼎立基础的以少胜多、以弱胜强的著名战役。此后三国鼎立之势基本形成。

四、简答题

“王与马，共天下”出现在哪个时代？代表什么意思？反映了什么样的时代特征？原因是什么？

答：“王与马，共天下”出现在东晋元帝司马睿时期，意思是以王家为代表的门阀势力能够与皇帝共同治理天下。

“王与马，共天下”反映了门阀政治的时代特征，东晋门阀势力强大，而皇权十分脆弱。原因是永嘉南渡后，司马氏在南方的势力十分弱小，导致皇权基础脆弱，而南方的士族势力却十分强大，皇权只能依附在门阀势力之下才能得以生存。

第十一章 民族融合与南方的开发

第一部分 考点归纳

一、少数民族的内迁

1.五胡的组成

自东汉以来,西、北边陲的一些民族不断向内地迁徙。到西晋,迁入长城以内的民族主要有匈奴、羯、氐、羌四支,加上活动在长城边缘的鲜卑,史书上称为“五胡”。

2.淝水之战

4世纪下半叶,十六国中由氐族建立的前秦统一北方。前秦皇帝苻坚自恃强盛,于383年大举发兵进攻东晋,企图统一全国。两军战于淝水,东晋以少胜多,获得大捷。被前秦征服的其他少数民族纷纷乘乱自树旗帜,强大的前秦政权很快崩溃,北方再度陷入混战。

二、北方人民南迁与南方的开发

1. 北方人民南迁

从西晋末年到东晋,北方人民为躲避战乱和民族压迫大批南下。两晋时期南下的北方移民,无论社会地位、生产技能还是文化程度,总体而言都高出南方的一般水平。北方人口的大量南迁,充实了南方的劳动力,有力地推动了当地农业的发展。

2.南方的开发

南方土地大量开垦,耕作技术明显进步,水利灌溉兴修较多,农作物品种增加,单位面积产量也有提高。长江下游是最主要的粮食产区。手工业方面,纺织业的发展已很普遍。冶铁业、制瓷业、造船业的技术都有显著提高。造纸业则是南方新兴的手工业。

商业以长江沿岸最为活跃，建康、江陵（今湖北荆州）、成都是重要的商业都市。番禺（今广州）则是主要的外贸港口。

三、北魏孝文帝改革与北方民族融合

1. 北魏孝文帝改革的主要内容

(1)整顿吏治。加强对官员的考核；制定俸禄制度，严惩官吏贪赃枉法。

(2)颁布均田令。按一定的标准将国家控制的土地分配给农民耕种，严格限制买卖，并且制定了相应的赋税制度。

(3)推行三长制。民户每五家设一邻长，五邻设一里长，五里设一党长，负责检查户口，征发赋役，以加强国家对社会基层的控制。

(4)迁都洛阳。把都城由平城迁到洛阳，有利于统治整个国家。

(5)改易习俗。大力学习汉族先进文化，消除民族隔阂，推动民族融合。

2. 北魏孝文帝改革的意义

孝文帝的改革措施顺应了西晋以来北方民族交往、融合的历史趋势，大大缓解了北魏的民族矛盾，促进了北魏的经济发展和社会繁荣，为以后北方统一南方以及隋唐盛世的出现打下了坚实的基础。

【真题回顾】梁朝使者陈庆之护送魏北海王元颢回洛阳，感慨道："自晋宋以来，号洛阳为荒土。此中谓长江以北，尽是夷狄。昨至洛阳，始知衣冠士族，并在中原。""洛阳旧貌换新颜"的主要原因是（　　）。

A. 北方人口的南迁　　B. 经济重心的转移

C. 割据势力的削弱　　D. 北魏孝文帝改革

【答案】D

第二部分　课后习题详解

1. 如何理解东晋、南朝江南开发的重要意义？

答：从西晋末年到东晋，北方人民为躲避战乱和民族压迫大批流亡南下。据估计，南朝初期官府控制的户口中，约有六分之一来自北方。

两晋时期南下的北方移民，无论社会地位、生产技能还是文化程度，总体而言都高出南方的一般水平。因此北方移民在南方发挥的作用，要大大超出其所占的人口比例。北方人口的大量南迁，充实了南方的劳动力资源，有力地推动了当地农

业的发展。这一阶段,南方土地大量开垦,耕作技术明显进步,水利灌溉兴修较多,农作物品种增加,单位面积产量也有提高。

手工业方面,纺织业的发展已很普遍,冶铁业、制瓷业、造船业的技术都有显著提高。造纸业则是南方新兴的手工业,官府文书普遍用纸取代了简牍。

商业以长江沿岸最为活跃,建康、江陵(今湖北荆州)、成都是重要的商业都市。番禺(今广州)则是主要的外贸港口。

东晋南朝的南方开发是不平衡的,不少地方特别是山区还处在较为落后的阶段,但毕竟为以后我国经济重心的南移奠定了基石。

2. 有学者认为,孝文帝改革导致鲜卑族丢掉了勇武质朴的民族特性,致使这个民族从历史上逐渐消失,也间接造成了北魏的衰亡,因此应予否定。你认为这种看法有道理吗?

答:这种观点是错误的,孝文帝改革的主要措施有:(1)政治方面,整顿吏治,严惩官吏贪赃枉法。(2)经济方面,颁布均田令。(3)推行三长制,加强国家对社会基层的控制。(4)迁都洛阳。(5)改变风俗习惯:大力学习汉族先进文化,消除民族隔阂,推动民族融合。这些改革措施顺应了西晋以来北方民族交往、融合的历史趋势,大大缓解了北魏的民族矛盾,促进了北魏经济发展和民族繁荣。其历史功绩是主要的、不可低估的,其失误和不足是次要的,因此它虽然对北魏社会有一定的消极影响,但绝不是造成北魏衰亡的主要原因。

第三部分　典型习题详解

一、填空题

1. 十六国时期的历史,可以划分为前后两个时期,其分界线是________。

2. 北魏实行三长制,即每五家设一________,五邻设一________,五里设一________。

【答案】

1. 淝水之战　2. 邻长　里长　党长

二、选择题

1. 魏晋南北朝时期,社会经济发展的特点与前一历史阶段明显的不同之处是(　　)。

A. 中原地区的农业生产方式向边疆扩散

B. 士族庄园经济与寺庙经济占重要地位

C. 商品经济活跃，商业发达

D. 农业、手工业的发展

2. 北方人民的南迁对南方生产发展最直接的影响是（　　）。

①充实了劳动力　　②带去了先进的生产技术

③导致南方人的观念更新　　④促进了民族间的融合

A. ①②　　B. ②③　　C. ①④　　D. ①③

3. 南北朝时期，我国经济发展的突出特点是（　　）。

A. 新兴的城市开始出现　　B. 南北经济发展趋向平衡

C. 经济文化处世界领先地位　　D. 广泛引进农作物新品种

4. 北魏孝文帝："初谋南迁，恐众心恋旧，乃示为大举，因以协定群情，外谋南伐，其实迁也。旧人怀土，多不所愿，内惮南征，无敢言者，于是定都洛阳。"上引材料不能说明的问题是（　　）。

A. 孝文帝对迁都的困难估计不足　　B. 北魏王朝的保守势力很强

C. 孝文帝名为南伐，实为迁都　　D. 南伐与迁都都有阻力

5. 魏晋南北朝时期，商品经济水平较低的原因是（　　）。

A. 曹魏时废止铜钱，实行实物交易

B. 战争破坏严重，政权更替频繁

C. 科技水平停滞不前

D. 民族矛盾日益尖锐，影响正常交流

6. 北魏孝文帝主动推行汉化政策的实质是（　　）。

A. 提高少数民族的文化素质，吸收汉族文明

B. 缓和与汉族地主的冲突

C. 适应农耕文化的需要

D. 抵御北方游牧民族侵扰

【答案】

1. B　2. A　3. B　4. A　5. B　6. C

三、名词解释

1. 均田令

答：西晋末年，中国北方在长期战乱之后，人民迁徙，土地荒芜，国家赋税收入

受到严重影响。为保证国家赋税来源,北魏孝文帝颁布均田令并开始执行。均田令的基本内容是按一定的标准将国家控制的土地分配给农民耕种,严格限制买卖,并且制定相应的赋税制度。这种政策对豪强地主兼并土地起到了一定的限制作用。国家可以公开授田,将本来依附于豪强地主的农民和一些流民招来,开垦荒地,发展生产,有利于国家赋税的征收和社会的稳定。

2.淝水之战

答:淝水之战是东晋以少胜多,击败前秦的重大战役,也是中国历史上著名的以少胜多的战役。383 年,前秦出兵伐晋,双方于淝水交战,最终拥有绝对优势的前秦败给了东晋,北方各民族纷纷乘乱脱离了前秦的统治,强大的前秦政权很快崩溃,北方再度陷入混战,一度稍呈缓和的民族矛盾又加剧了。

四、简答题

概述魏晋南北朝时期江南经济发展的主要原因和表现。

答:(1)魏晋南北朝时期江南经济发展的主要原因是:

①从西晋末年到东晋,北方人民为躲避战乱和民族压迫大批南下,为南方补充了大量劳动力,并带来了中原地区先进的生产工具和经验;②南方少数民族与汉族的融合,加速了当地经济的发展;③一些统治者为了自身的利益,推行了一系列重农政策;④南方战乱较少,社会局势相对稳定;⑤江南地理条件优越。

(2)魏晋南北朝时期南方经济发展的表现有以下几个方面:

①土地大量开垦,耕作技术明显进步,水利灌溉兴修较多,农作物品种增加,单位面积产量也有提高。

②手工业方面,纺织业的发展已很普遍。南朝中期的丝织、麻织品价格比东晋明显下降。冶铁业、制瓷业、造船业的技术都有显著提高。造纸业则是南方新兴的手工业。

③商业以长江沿岸最为活跃,建康、江陵(今湖北荆州)、成都是重要的商业都市。番禺(今广州)则是主要的外贸港口。这说明这段时间商品经济有了初步发展,城市开始繁荣。

第十二章　三国两晋南北朝的文化

第一部分　考点归纳

一、佛教和道教的传播

1. 佛教

佛教是世界三大宗教之一(另外两大宗教是基督教和伊斯兰教),公元前6世纪至前5世纪由释迦牟尼创建于古印度。佛教早在汉代即已传入中国。魏晋以降,社会动荡,佛教理论为在苦难中挣扎的人们提供了精神寄托,也因适应统治者稳定局势的需要,而得到迅速的传播。

佛教的影响:一方面,佛教给遭受苦难的人们带来了精神寄托,具有积极的作用。另一方面,佛教的兴盛使寺院拥有大量的土地和依附人口,还经营商业和高利贷,聚敛财富,寺院经济膨胀严重损害了国家利益。

2. 道教

道教形成于东汉,是民间神仙方术与道家思想结合的产物。尊老子为教主。

二、文学

(1)以"三曹"、建安七子为代表的一批诗人出现,形成文人诗创作的一个高峰。

(2)东晋陶渊明开创的田园诗,对后世影响很大。

(3)乐府民歌在南北朝继续发展,形成了南方婉约柔美、北方粗犷豪放的不同特征。

(4)南齐刘勰的《文心雕龙》是一部体大思精的文学理论著作。

三、艺术

(1)书法:隶书、楷书、行书、草书等书体均已完备,出现了王羲之(书圣)等一大批书法家。其中王羲之的《兰亭集序》是中国古代书法的极品。

(2)绘画:出现了专门的画家,代表人物有顾恺之、陆探微、张僧繇等。代表作有顾恺之的《女史箴图》和《洛神赋图》。

(3)石窟造像:随着佛教的流行,十六国和北朝盛行开凿石窟,雕造佛像,发展出规模宏大、技巧精细的雕塑艺术。大同云冈石窟、洛阳龙门石窟是这一时期石窟的代表。

四、科学技术

(1)南朝数学家祖冲之推算圆周率的数值在 3.1415926～3.1415927 之间,精确程度领先世界近千年。魏晋之际的刘徽较早讨论了推算圆周率的方法,在为《九章算术》作注时提出"割圆术"之说。

(2)北朝农学家贾思勰的《齐民要术》是我国现存最早并且完整的农书。

(3)北魏地理学家郦道元的《水经注》,通过为古书《水经》作注,全面而系统地介绍了水道流经地区自然地理、经济地理等方面的内容。

第二部分　课后习题详解

1.佛教和道教对三国两晋南北朝的政治、文化、科技发展有什么影响?

答:(1)佛教:佛教早在汉代即已传入中国。魏晋以降,社会动荡,佛教理论为在苦难中挣扎的人们提供了精神寄托,也因适应统治者稳定局势的需要,而得到迅速的传播。一些佛教高僧如鸠摩罗什主持译经,把一批重要的佛教经典介绍到了中国。他还撰写了《佛国记》,对研究当时的中外交通和中亚、南亚历史文化具有重要价值。随着佛教的流行,十六国和北朝盛行开凿石窟,雕造佛像,发展出规模宏大、技巧精细的雕塑艺术。

(2)道教:道教是我国的本土宗教,形成于东汉,是民间神仙方术与道家思想结合的产物。统治阶层以清谈为风尚,醉心于玄学的义理之中,忽视现实,成了西晋灭亡的重要原因之一。东晋葛洪的《抱朴子·内篇》对道教理论体系的建立贡献很大,其中有关炼丹的内容还涉及不少化学和医药学知识。在道士修仙炼丹的过程中,火药被发明出来,成了我国的四大发明之一。

2.谈谈圆周率

答:魏晋之际的数学家刘徽较早讨论了推算圆周率的方法。他在为汉代数学著作《九章算术》作注时提出"割圆术",在圆内作内接正多边形,用正多边形的面积推算圆周率值。科学技术南朝数学家祖冲之以这一理论为基础，算出圆周率的数值在 3.1415926～3.1415927 之间，还给出了两个近似分数值，分别为“约率”22/7，“密率”355/113。上述小数近似值和“密率”分数值，精确程度领先世界近千年。

第三部分　典型习题详解

一、填空题

1. 北朝时开凿的山西大同________和河南洛阳的龙门石窟，是著名的石窟艺术。

2. 南朝时期的________首次将圆周率的计算精确到小数点后第七位，居当时世界领先地位。

3. 我国古代的一部全面系统的综合性地理名著是________。

【答案】

1. 云冈石窟　2. 祖冲之　3.《水经注》

二、选择题

1. 魏晋南北朝时期，道家得到了迅速发展。在道教官方化过程中，有重大贡献的北朝人物是(　　)。

A. 葛洪　　B. 陶弘景　　C. 寇谦之　　D. 陆静修

2. 下列我国的石窟艺术中，属于魏晋南北朝时期开凿的有(　　)。

①大足石刻　　②云冈石窟　　③龙门石窟　　④莫高窟

A. ①③　　B. ②③　　C. ①②③　　D. ②③④

3. 有关道教的表述不正确的是(　　)。

A. 东汉时在神仙方术与道家学说结合的基础上形成

B.《太平经》是道教初创时的主要经典

C. 东晋的葛洪结合佛教教义使道教成为统治阶级的宗教

D. 南朝的陶弘景吸收佛教教义和等级观念建立起道教的神仙体系

4. 下列各项内容和王羲之有关的是(　　)。

①开始把字体由隶书转化为楷书

②《兰亭集序》

③他博采众长，世称“书圣”

④其子王献之书法造诣也极高,父子合称“二王”

A. ①②③　　B. ①③④　　C. ③④　　D. ②③④

5. 梁武帝时,“都下佛寺五百余所,穷极宏丽,僧尼十余万,资产丰沃”。周武帝时“自废(指毁佛寺)已来,民役稍希,租调年增,兵师日盛,东平齐国……岂非有益”。这些材料表明的中心问题是(　　)。

A. 南北朝统治者尊崇佛教尤甚　　B. 南北朝时寺院经济兴盛

C. 寺院占有大量人力、物力和财力　　D. 兴佛与灭佛的不同结果

6. 下列人物所做的杰出贡献,与裴秀属于同一领域的是(　　)。

A. 祖冲之　　B. 葛洪　　C. 贾思勰　　D. 郦道元

7. 范缜在《神灭论》中说:“夫竭财以趣僧,破产以趋佛,而不恤亲戚,不怜穷匮者何耶?……家家弃其亲爱,人人绝其嗣续,致使兵挫于行间,吏空于官府,粟罄于惰游,货殚于土木。”根据材料,范缜反对佛教不是因为(　　)。

A. 佛教造成了社会的分裂动乱　　B. 佛教破坏了家庭和亲属关系

C. 佛教妨碍了政府的行政事务　　D. 佛教造成了社会的经济负担

8. 完成于南北朝时期的史学作品不包括(　　)。

A.《后汉书》　　B.《三国志》　　C.《宋书》　　D.《南齐书》

【答案】

1. C　2. D　3. C　4. D　5. C　6. D　7. A　8. B

第十三章　隋朝与唐前期的鼎盛局面

第一部分　考点归纳

一、短暂的隋朝

1.隋朝的建立

581 年，北周外戚杨坚代周称帝，改国号为隋，定都长安（今陕西西安）。杨坚就是隋文帝。589 年，隋军渡江灭掉陈朝，完成了全国的统一。

2.隋朝加强中央集权的措施

（1）在北方进行户口调查，扩大国家赋税来源。

（2）精简地方行政机构，将地方官府属官的任命权收归中央。

（3）开凿大运河。

3.隋朝灭亡的原因

隋朝统一后，统治者自恃强盛，好大喜功，徭役繁重，刑法严苛，很快又将隋朝推向崩溃的边缘。三次远征高丽、民不聊生。611 年，山东农民首先发动起义，各地纷纷响应。618 年，隋炀帝被部将杀死，隋朝灭亡。

二、唐朝的建立与贞观之治

1.唐朝的建立

618 年，隋朝官僚李渊在长安称帝，国号唐。唐军相继击败各地的起义军和割据势力，很快统一了全国。

2. 贞观之治

公元 627 年到 649 年,唐朝第二代皇帝太宗李世民,注意吸取隋朝速亡的经验教训,居安思危,励精图治,出现了“贞观之治”。

三、女皇武则天

唐太宗的儿子高宗在位时,皇后武则天协助处理政务,逐步掌权。690 年,武则天正式称帝,改国号为周。她是中国历史上唯一的女皇帝。

四、开元盛世

8 世纪前期唐玄宗李隆基在位时,大力整顿朝政,精简官僚队伍,加强考核措施。广开言路,鼓励臣下进谏。减轻农民的赋役负担,为经济发展创造条件。出现了为时较长的鼎盛局面,史称“开元盛世”。

五、隋和唐前期的民族关系

1. 突厥

6 世纪中期,游牧民族突厥崛起于北方草原,建立了强大的国家,其首领称为可汗。不久它分裂为东、西两部。隋末唐初,东突厥多次南下侵扰中原王朝。629 年,唐太宗出奇兵一举击溃东突厥主力,俘获颉利可汗,东突厥汗国灭亡。唐高宗初年,又灭掉了西突厥汗国。

2. 吐蕃

吐蕃是藏族的祖先,约在隋朝时开始建立政权。唐初,赞普松赞干布统一青藏高原,定都逻些(今拉萨)。唐太宗将文成公主嫁给松赞干布,巩固了唐蕃之间的关系,促进了吐蕃的发展。唐中宗时,又将金城公主嫁给吐蕃赞普成婚。

3. 渤海国

渤海的建立者是靺鞨。靺鞨分布在松花江、黑龙江流域,其中北边的黑水部和南边的粟末部比较强大。7 世纪末,粟末靺鞨首领大祚荣建立政权,被唐玄宗封为渤海郡王,以后此地就称为渤海国。

4. 南诏

唐朝前期,云南西部洱海一带分布着六个政权,称为“六诏”。唐玄宗时,六诏中位置最南边的南诏统一了云南全境，其首领被唐册封为云南王。

第二部分　课后习题详解

1."贞观之治"和"开元盛世"的局面是怎样出现的？这一盛世的出现对今天有何借鉴之处？

答：贞观之治出现的原因：

(1)隋唐更替，其间的战争使人口锐减；战争结束，人少地多，人心思安，这是贞观之治产生的重要原因。

(2)隋开凿大运河、开创科举，大运河的劳民导致隋灭亡，但这些却促成了贞观之治的产生。

(3)统治者注意吸取隋朝速亡的经验教训，居安思危，励精图治。

(4)裁减中央、地方官员编制，提倡节俭，不准大兴土木，恢复农业生产。

(5)在人才选拔方面，人尽其才，兼收并用。唐太宗、李世民反对君主独断专行，强调"兼听则明，偏听则暗"，虚心听取臣下的不同意见。

开元盛世出现的原因：

(1)任用贤能。玄宗即位后，起用姚崇、宋璟、张九龄等贤能者为相，虚怀纳谏，因此政治清明，政局稳定。

(2)改革吏治。大力整顿朝政，精简官僚队伍，加强考核措施。又广开言路，鼓励臣下进谏。

(3)发展经济。减轻农民的赋役负担，动用政府的力量组织抵御自然灾害，为经济发展创造条件。

对今天的借鉴：一个国家想要繁荣昌盛，首先要有一个和平稳定的内外政治环境，对外开放，以经济发展为核心，同时要重视教育，这样才能持续稳定地发展。

2.谈谈唐朝前期的民族关系。

(1)唐初，东突厥多次南下进攻。629年，唐太宗抓住草原遭遇天灾的机会，出奇兵一举击溃东突厥主力，俘获颉利可汗，东突厥汗国灭亡。草原各部族共同尊奉唐太宗为"天可汗"。唐高宗初年，又灭掉了西突厥汗国。唐朝在西域先后设立安西都护府和北庭都护府，分治天山南北。

(2)唐初，赞普松赞干布统一青藏高原，定都逻些(今拉萨)，创制了文字，制定和完善了各项制度。在松赞干布要求下，唐太宗将宗室女文成公主嫁给他。文成公主带去大批精美的手工艺品和多种技术、医药书籍，促进了吐蕃经济、文化的发展。唐中宗时,又将金城公主嫁给吐蕃赞普。

(3)7 世纪末,粟末靺鞨首领大祚荣建立政权,被唐玄宗封为渤海郡王,以后此地就称为渤海国。在渤海国北边的黑水靺鞨地区,唐朝也设置了都督府,任命其首领为都督。

(4)唐朝前期,云南西部洱海一带分布着六个政权,称为“六诏”,是今天彝族和白族的祖先。唐玄宗时,六诏中位置最南边的南诏统一了云南全境,其首领被朝廷册封为云南王。

第三部分　典型习题详解

一、填空题

1. 隋朝大运河以________为中心,北达涿郡,南至余杭,是古代世界最长的运河。

2. 公元 589 年,隋朝灭________,完成南北统一。

【答案】

1. 洛阳　2. 陈

二、选择题

1. 关于隋运河开凿的动机与结果,表述准确的是(　　)。

A. 为沟通南北交通而开凿,成为南北交通的大动脉

B. 为繁荣洛阳商业而开凿,促进南北经济交流和经济发展

C. 为巩固统治而开凿,客观上有利于南北交通和经济交流

D. 为巩固统治而开凿,但成为隋亡的根本原因

2. 中国古代科举制度的实行,从本质上反映了(　　)。

A. 国家选拔官员的需要　　B. 发展教育和文化的需要

C. 社会经济发展和阶级关系变动　　D. 庶族地主掌握政权的需要

3. 隋朝有一位大商人欲运送一批货物从余杭出发到长安,他所经水路应该是(　　)。

A. 江南河—通济渠—邗沟—黄河—广通渠

B. 江南河—邗沟—通济渠—黄河—广通渠

C. 邗沟—江南河—通济渠—黄河—广通渠

D. 广通渠—黄河—通济渠—邗沟—江南河

【答案】

1. C　2. C　3. B

三、简答题

大运河的开凿对中国历史的影响。

答：大运河的开凿对中国历史的影响主要包含以下几个方面：

(1)大运河贯穿河南、河北、江苏、浙江等省，连接了海河、黄河、淮河、长江、钱塘江五大水系。它的开凿加强了南北联系，成为南北交通的大动脉，对促进南北经济文化的交流和发展，起到了极其重要的作用；特别是经济中心南移以后，大运河作为漕运的主要通道，其作用更加凸显。此外，随着运河成为交通干道，沿河逐渐兴起了一批商业贸易城市，形成了独具特色的沿河城市带和经济带。

(2)大运河的开通对加强南北联系，巩固国家统一具有重要作用。大运河开通以后，极大改善了南北交通条件，中央政府得以对南北实行有效的控制。

(3)大运河虽在客观上有利于南北经济文化交流，但在中国君主专制和中央集权的大背景下，其作用的发挥建立在广大百姓的沉重负担上，从大运河的开凿，到漕运的实现都是如此。因此，运河也成为中国阶级矛盾、社会矛盾的一个聚集点。

第十四章　隋唐制度的革新

第一部分　考点归纳

一、三省六部制

1.三省

隋唐国家机器的核心是三省六部。三省分别是尚书省、中书省和门下省,三省在处理政务方面有明确的分工。

(1)中书省:负责出令,即代表皇帝起草诏令。

(2)门下省:负责封驳,即对中书诏令进行审核,不妥者驳回。

(3)尚书省:负责施行,即将通过的决策下发六部,监督其付诸实施。

2.六部

六部是尚书省属下的行政职能部门,其中吏部主管人事,户部主管财政经济,礼部主管文化教育,兵部主管军事,刑部主管司法,工部主管工程建设。每部下辖四司,共二十四司,分工处理政务。

二、科举制

科举制度始创于隋炀帝时期。科举制的特点是通过考试选拔官员,因为有多种报名科目,"分科举人",故称科举。唐代科举最基本的两种科目是明经和进士。科举制使大批门第不高的读书人通过相对公平的考试参加政权,扩大了官员的来源,提高了官员的文化素质,成为后代最重要的选官制度。

三、律令格式

隋唐的法制建设成就突出,形成了由律、令、格、式四种形式构成的法典体系。

其中律是惩罚犯罪行为的刑法典，令是正面的规章制度条例，格、式分别为律、令的补充与变通细则。《唐律疏议》包括唐律的律文和解释，是我国现存最早并且完整的法典。

四、从租庸调制到两税法

1. 租庸调制

国家在严格户籍管理的基础上，实行以丁为单位的赋役制度，即租庸调制。唐初规定：成年男子每年要向朝廷缴纳一定数量的谷物，叫作"租"；再缴纳一定数量的绢或布，叫作"调"；每年应服徭役20日，不去的人可以纳绢或布代役，叫作"庸"。

2. 两税法

从780年起，唐朝统一推行新的赋税制度"两税法"。规定：流亡的农民一律就地登记户口，与本地人共同承担赋税。地方官府负责将当地各项税收合并为一个总额，分摊到每户百姓头上。分摊的标准有两项，一是综合人丁、资产因素定出的户等，二是占有土地的数量。因每年分夏、秋两次征收，故名两税。两税法简化了税收名目，扩大了征税面，使百姓负担更为合理，也改善了唐朝的财政状况。

【真题回顾】日本学者内藤乾吉在《唐代的三省》一文中指出："唐代的政治并非是君主独裁政治，而是综合天子和贵族意志实行的贵族政治。门下省堪称代表贵族意志的机关。"这表明作者认为唐朝（　　）。

A. 门下省成为最高行政机关　　B. 三省六部导致君弱臣强

C. 皇权受到相权的制约　　D. 贵族政治抑制朋党之争

【答案】C

第二部分　课后习题详解

1. 怎样评价隋唐的三省分权制度？

答：隋唐国家机器的核心是三省六部。

三省分别是尚书省、中书省和门下省，它们都是从汉代"中朝"系统中发展出来的机构，已经彻底取代了秦汉三公在朝廷中的首脑位置。三省在处理政务方面有明确的分工。中书省负责出令，即代表皇帝起草诏令；门下省负责封驳，即对中书诏令进行审核，不妥者驳回；尚书省负责施行，即将通过的决策下发六部，监督其付诸实施。

三省的权力互相牵制,便于集思广益,保证国家政策的合理性,也有利于皇权的巩固,但行政效率略受影响。

2.租庸调制为两税法取代的原因何在?

答:隋和唐朝前期,土地占有比较分散。国家在严格户籍管理的基础上,实行以丁为单位的赋役制度,即租庸调制。这项制度所规定的赋役负担不算很重,保证农民有充分的生产时间,促进了经济的恢复和发展。

唐朝后期,土地兼并严重,大批农民破产流亡,户籍混乱,租庸调制已经无法维持。各级官府巧立名目征税,百姓负担沉重。从780年起,唐朝统一推行新的赋税制度"两税法"。

两税法简化了税收名目,又扩大了征税面,使百姓负担更为合理,也改善了唐朝的财政状况。它的主要征税标准是财产,对于此前以人丁为主的赋税制度是很大的改变,表明国家对百姓的人身控制有所放松。

3.谈谈科举制。

答:科举是通过考试选拔官吏,因为有多种报名科目,"分科举人",故称科举。唐代科举最基本的两种科目是明经和进士。具有取士权归于中央所有,允许自由报考和主要以成绩定取舍三个显著的特点。中国古代科举制度最早起源于隋代。隋朝统一全国后,为了适应封建经济和政治关系的发展变化,加强中央集权,于是把选拔官吏的权力收归中央,用科举制代替九品中正制。明朝时科举制进入了它的鼎盛时期。科举制发展到清代,日趋没落,弊端也越来越多,终于消亡。科举制度在中国实行了整整一千三百年,对中国以至东亚、世界都产生了深远的影响。

科举制度对于知识的普及和民间的读书风气,起了相当的推动作用。客观上,由于科举入仕成为风尚,中国的文风普遍得到提高。

科举制所造成的恶劣影响主要在其考核的内容与考试形式。由明代开始,科举的考试内容陷入僵化,变成只要求考生能造出合乎形式的文章,反而不重视考生的实际学识。大部分读书人为应科考,思想渐被束缚,眼界、创造能力、独立思考能力都被大大限制。另外,科举亦埋没了民间其他杰出人物。

第三部分　典型习题详解

一、填空题

1.唐代科举制度的主要形式是常举和________。

2. 实行两税法之时，在位的皇帝是________。

【答案】

1. 制举　2. 唐德宗

二、选择题

1.（　　）符合唐朝的两税法。

①使纳税“惟以财产为宗，不以人丁为本”

②国家对农民的人身控制有所松弛

③扩大了纳税面，使负担相对平均

④遏制了土地兼并，增加了政府税收

A. ①②③　　B. ①②④　　C. ②③④　　D. ①②④

2. 下列关于唐朝均田制的描述，正确的是（　　）。

A. 和隋代相比，增加了对杂户、官户、工商业者和僧道的授田

B. 取消了对妇女、奴婢、部曲的授田

C. 触动了地主官僚的私有土地

D. 法令上允许买卖口分田

3. 同以往的赋税制度相比，唐朝两税法的重大改革主要体现在（　　）。

A. 它开始以夏秋两次收税

B. 它没有规定田租的数量

C. 它限制土地兼并，增加政府收入

D. 它改变了战国以来以人丁为主的赋役制度

4. 唐初统治者调整统治政策，客观上最能体现儒家“仁政”思想的是（　　）。

A. 三省六部制、科举制　　B. 租庸调制、科举制

C. 均田制、科举制　　D. 租庸调制、均田制

【答案】

1. A　2. C　3. D　4. D

第十五章　从安史之乱到五代十国

第一部分　考点归纳

一、安史之乱

唐玄宗在位后期，骄傲自满，消极怠政，沉溺于享乐。唐朝开始出现盛极而衰的趋向。当时最大的隐患来自军事上的“外重内轻”局面。755 年，安禄山在范阳(今北京)起兵叛乱，半年多就攻入长安。唐玄宗仓皇逃往成都，唐肃宗即位，任用大将郭子仪、李光弼率兵平叛，又向回纥借兵，不久后收复了长安。安禄山死后，其部将史思明继续与唐朝对抗。直到 763 年，唐朝才最终平定了安史之乱。

二、藩镇割据

唐朝平定安史之乱期间，投降的安史部将多被委以节度使之职，平叛有功的官军将领也有不少升任节度使，节度使猛增到 40 多个。对他们的辖区，史书上称为藩镇。他们各拥强兵，由儿子或部将继位，擅自任命官吏，截留地方赋税，朝廷基本不能控制。藩镇割据给人民带来了深重的灾难。

三、唐朝中央的权力斗争

1. 宦官干政

唐德宗时，命宦官掌禁军，护卫皇帝，此后宦官权力逐步增加。宦官内外勾结，形成了左右政局的庞大势力。在唐朝最后的九个皇帝中，有八个为宦官所拥立，有两个被宦官杀死。

2. 牛李党争

朝中的官僚党争也非常严重。以牛僧孺、李德裕为首的两派官僚，前后斗争了近40年，史称“牛李党争”。一派得势，就将另一派贬黜出朝；处于相持状态时，也是争吵不休，无法合作。

四、唐朝的灭亡

唐朝末年，吏治腐败，剥削苛酷，民不聊生，终于爆发了席卷全国的农民战争。

1.黄巢起义

874年，王仙芝和黄巢先后在山东、河南交界地区发动农民起义。879年，黄巢从广州长驱北上，次年攻占长安。884年，黄巢兵败自杀。

2.朱温篡唐

907年，节度使朱全忠(原名朱温，是黄巢的部将。降唐后，被赐名全忠。篡位称帝时，又改名朱晃)篡位，国号梁，唐朝灭亡。

五、五代十国

(1)五代：唐朝灭亡后，中原地区先后建立了梁、唐、晋、汉、周五个短命王朝，史书分别称为后梁、后唐、后晋、后汉、后周，合称五代。

(2)十国：南吴、南唐、吴越、南楚、前蜀、后蜀、南汉、南平、闽国、北汉。

第二部分　课后习题详解

1.为什么说安史之乱是唐朝由盛而衰的转折点?

答：唐玄宗在位后期，骄傲自满，消极怠政，沉溺于享乐。安史之乱是唐朝由盛而衰的转折点。

第一，战乱使社会遭到了一次空前浩劫，广大人民无家可归。

第二，安史之乱后，实际上统一的中央王朝已经无力再控制地方，安史余党在北方形成藩镇割据，各自为政，后来这种状况遍及全国。少数民族出身的大将甚至骄横称王称帝，与唐王朝分庭抗礼直到唐亡。

第三，阶级压迫和统治阶级的压榨更加深重，促使农民和地主阶级的矛盾日益尖锐，最后迫使农民不得不举兵反叛，形成唐中叶农民叛乱的高潮。

第四，安史之乱后，唐王朝失去了对周边地区少数民族的控制，特别是丧失了对河西走廊和西域的控制，西南南诏的威胁也日益增加，唐王朝内忧外患，朝不保夕，更加岌岌可危。

第五，安史之乱，促使经济重心逐渐南移。安史之乱对北方生产造成了极大的破坏，大量北方人士南渡，为南方带去了大量的劳动力和先进的生产技术，促进了江南经济的发展，南方经济日益超过北方。

2. 谈谈黄巢起义。

答:黄巢起义，指的是874年，王仙芝和黄巢先后在山东、河南交界地区发动农民起义。这是唐末民变中，历时最久，范围最大，影响最深远的一场农民起义。黄巢之乱转战近半唐朝江山，导致唐末国力大衰。

自从响应王仙芝聚众起义后，黄巢的起义军纵横大江南北，先后渡过长江四次，黄河两次，屡屡突破唐军防线，占领了很多地区。但黄巢的起义军始终是流动作战，在占领了新的地区后，就把原有的地区放弃了，黄巢从来没有建立一个真正的农民起义根据地，这是黄巢起义失败的主要原因。884年，黄巢兵败自杀。

第三部分　典型习题详解

一、填空题

1. 安史之乱是唐代________、________发动的一场政治叛乱，又称天宝之乱。

2. 五代十国中五代的组成是后梁、________、后晋、后汉、后周。

【答案】

1. 安禄山　史思明　2. 后唐

二、选择题

1. 安史之乱后势力最强、为患最大的“河朔三镇”不包括(　　)。

A. 卢龙节度使李怀仙　　B. 魏博节度使田承嗣

C. 承德节度使李宝臣　　D. 淄青节度使李纳

2. 五代十国时期，在钱塘江边修筑海塘的政权是(　　)。

A. 南唐　　B. 吴　　C. 吴越　　D. 南汉

【答案】

1. D　2. C

第十六章　隋唐的经济与对外交往

第一部分　考点归纳

一、农业

（1）兴修水利，在耕地利用上也取得了突破，南北方均出现了复种制。

（2）曲辕犁、筒车等新式农具的使用，提高了农业耕作的效率。

（3）经济作物的种植范围更加广泛，茶树种植迅速发展。

二、工商业

（1）丝织业发展迅速。丝织品花色复杂名目繁多。考古工作者在唐代墓葬中发现的许多丝织物，工艺精湛，可以与现代产品相媲美。

（2）瓷器制造业基本成熟，大量生产日用器物，有青瓷、白瓷两大类型。

（3）商业繁荣，隋和唐前期，长安和洛阳是全国最大的商业都会。唐代后期，出现了扬州、成都这样繁华的商业都市。

三、对外交往

1. 唐代的对外交往范围

在陆路方面，从长安出发，向东可到达今天的朝鲜，向西经丝绸之路可以通往今天的印度、伊朗、阿拉伯以至欧洲和非洲的许多国家。

在海路方面，从登州、扬州出发，可到达今天的韩国、日本；从广州出发，可到达东南亚、南亚、西亚沿海地区。

2. 朝鲜半岛

隋及唐初，朝鲜半岛上存在高句丽、百济、新罗三国，后来新罗基本统一了半岛。新罗与唐朝关系密切。新罗制度多学习唐朝,并且设立儒学,开科取士等,在姓氏、服饰、节令、风俗等方面,新罗都受到中国文化很明显的影响。

3. 日本

日本曾多次向隋唐派出使节,称为“遣隋使”或“遣唐使”。646 年日本发生“大化革新”,经济、政治、教育改革多仿唐制。当时日本营建的都城,也基本仿照长安的样式。

4. 其他地区

唐朝与中亚、南亚、东南亚地区的联系十分密切。有不少中国僧人经由陆路或海路去印度半岛取经。7 世纪前期,阿拉伯帝国在西亚崛起,不久就与唐朝建立了联系,中国史书称之为大食。唐朝后期,不少通过海路来华的西亚商人在广州、扬州、泉州等港口城市定居下来。他们居住的场所被称为“蕃坊”。

【真题回顾】唐朝后期,扬州成为全国最繁华的工商业城市,经济地位超过了长安、洛阳。所以有“天下之盛扬为首”的说法。“天宝十二载,鉴真东渡就是由扬州启碇的”出现这种状况的直接原因是(　　)。

A. 手工业的发展　　B. 经济的繁荣

C. 大运河的开通　　D. 海外贸易的增长

【答案】B

【真题回顾】唐人记载:“开元、天宝之中,耕者益力,四海之内,高山绝壑,耒耜亦满。”对此现象的阐释和评论,正确的是(　　)。

①唐朝前期开辟出大量荒田　　②唐朝土地资源得到进一步利用

③唐朝生产工具原始落后　　④对自然生态平衡有所影响

A. ②③④　　B. ①③④　　C. ①②③　　D. ①②④

【答案】D

第二部分　课后习题详解

1. 有人说唐朝是一个对外开放的时代,你认为这个说法贴切吗? 应当如何评价这一时期的中外关系?

答:这个说法是比较贴切的。

(1)便利的交通。唐朝的对外交通十分发达。在陆路方面,从长安出发,向东可到达今天的朝鲜,向西经“丝绸之路”可以通往今天的印度、伊朗、阿拉伯以至欧洲和非洲的许多国家。在海路方面,从登州、扬州出发,可到达今天的韩国、日本;

从广州出发,可到达东南亚、南亚、西亚沿海地区。唐玄宗时,在广州设立市舶司主管外贸事务,这是中国古代第一次设置海外贸易的管理机构。长安、洛阳聚集了许多国家和地区的使节、商人、侨民,成为当时的国际大都会。

(2)对外交流。新罗与唐朝关系密切。唐朝的外国留学生以新罗人数最多,长安等许多城市都建有专供新罗侨民居住的"新罗坊"。新罗制度多学习唐朝,并且设立儒学,开科取士。

日本曾多次向隋唐派出"遣隋使""遣唐使"。646年日本发生"大化革新",经济、政治、教育改革多仿唐制。当时日本营建的都城,也基本仿照长安的样式。

唐朝与中亚、南亚、东南亚地区的联系十分密切。有不少中国僧人经由陆路或海路去印度半岛取经。如唐太宗时的高僧玄奘、高宗时的义净等。

(3)商业活动。7世纪前期,阿拉伯帝国在西亚崛起,不久就与唐朝建立了联系,中国史书称之为大食。唐朝后期,不少通过海路来华的西亚商人在广州、扬州、泉州等港口城市定居下来。

评价:首先,唐朝开明的民族政策,开放的人才策略,将当时东亚以及中亚地区的人才引进到唐朝,使得唐朝前期能够在其辽阔的疆域里人尽其才、物尽其用,在短短百年的时间里成为一个疆土广阔、民族众多富足、强盛的大帝国。

其次,执政者虚怀若谷,广纳贤才,铸就了一个气势恢宏的唐朝。

2.谈谈唐朝的经济成就。

答:唐朝时期,经过贞观之治,进入开元盛世,经济迅速发展起来。

(1)农业方面,开始使用曲辕犁,土地被大量开垦。新修建了许多水利工程,出现了新式灌溉工具筒车。在耕地利用上也取得了突破,出现复种制。南方丘陵山区得到更多开发,茶树种植迅速发展。人口迅速增长。

(2)手工业方面,发展最突出的部门是丝织业和陶瓷业。丝织品花色复杂,名目繁多,私营纺织作坊兴起。出现了中国古代独特的美术陶制品"唐三彩",制瓷业大量生产日用器物,其中越窑的青瓷和邢窑的白瓷最负盛名。

(3)商业方面,隋和唐前期,长安和洛阳是全国最大的商业都会。

第三部分　典型习题详解

一、填空题

1.陶瓷业在唐朝有重要发展,"南青北白"的制瓷业格局是指________、邢窑白瓷。

2. 8世纪中前唐玄宗封回纥首领为________,玄宗封南诏首领为云南王。

3. 唐朝时,从中国传到大食的手工技术是________。

4. 目前世界上现存最早的有明确记载的雕版印刷品是________。

5. “长庆会盟碑”是唐朝和________友好团结的象征。

【答案】

1. 越窑青瓷　2. 怀仁可汗　3. 造纸术　4.《金刚经》　5. 吐蕃

二、选择题

1. 唐朝具有空前发达的对外交通,被称为海上丝绸之路的是(　　)。

A. 从扬州出发到达朝鲜、日本　　B. 从登州出发到达朝鲜、日本

C. 从广州出发到达马来半岛、波斯湾　　D. 从扬州出发到达红海沿岸

2. 唐朝后期,有“天下之盛,扬为首”,又有“扬一益二”的谚语。这说明当时的扬州和益州(　　)。

A. 作为工商业城市地位的重要性　　B. 是当时的政治、文化中心

C. 是唐朝重要的外贸港口　　D. 是著名的造纸中心

3. 唐太宗时“安西四镇”指的是(　　)。

①龟兹　②碎叶　③焉耆　④疏勒　⑤于阗

A. ①②③⑤　　B. ①③④⑤　　C. ①②③④　　D. ①②④⑤

【答案】

1. C　2. A　3. B

三、名词解释

遣唐使

答:遣唐使是指日本国派遣出使唐朝的使团。隋唐时期,日本正处于社会大变革时期。自隋朝时起,日本便不断派人到中国学习,到唐朝时达到高潮。其次数之多、规模之大、时间之久、内容之丰富,可谓中日文化交流史上的空前盛举。遣唐使对推动日本社会的发展和促进中日友好交流作出了巨大贡献,推动了中日文化交流的第一次高潮。

第十七章　隋唐五代的文化

第一部分　考点归纳

一、佛教、道教的活跃

1.佛教

隋唐是中国古代佛教发展的鼎盛时期。中国成为世界佛教中心之一，在继续从印度“取经”的同时，又成为日本等国的“求法”目标。

佛教理论与中国的现实相结合，逐渐本土化，形成若干宗派，其中，对后世影响最大的是禅宗。

2.道教

唐初，皇室尊老子为始祖。唐玄宗亲自为《老子》作注，下令全国各地立老子庙，还在科举中开设道教专科。但道教在基层传播的程度不及佛教。

二、史学

唐朝的官方修史制度已经比较完善。唐朝前期刘知几撰写的《史通》，是中国古代第一部系统的史学评论著作。

三、文学

(1)诗歌：唐代是中国古典诗歌的黄金时代。现存的唐诗包括2,200多位诗人的近5万首作品。

(2)词：唐后期到五代，带有配乐并且句式长短不等的新诗体——词开始流行，十国中的南唐末代君主李煜是这一阶段最杰出的词人。

(3)散文：唐朝后期，韩愈、柳宗元发起古文运动，反对骈体文形式主义文风，提倡学习先秦两汉的古代散文,做到文字顺畅简练、言之有物。

(4)文言小说:唐代的小说在当时被称为“传奇”,唐传奇都是文人创作的虚构故事,包括爱情、侠义、鬼怪等题材。

四、艺术

(1)书法:隋唐书法融汇了南朝的秀美和北朝的雄健,创造出新的风格。出现了颜真卿、柳公权等一批书法家。

(2)绘画:隋唐的绘画题材广泛,风格多姿多彩。宗教画生活气息浓厚,人物画注重用线条表现人物的神态,山水、花鸟也开始成为绘画主题。人物画以阎立本、吴道子成就最突出,吴道子被尊为“画圣”。

(3)石窟艺术:其代表为闻名世界的敦煌莫高窟。雕塑的佛像比魏晋南北朝时更具世俗色彩,具有慈祥、温和的特征。石窟壁画以演示佛经故事为主,画面巨大而内容丰富,构图紧密。

五、科技

(1)隋朝工匠李春所造赵州安济桥,是现存世界上最早的单孔石拱桥,反映了当时建筑学的高超水平。

(2)隋唐之际的孙思邈精研医学和药物学,著有《千金方》《千金翼方》,被后世尊为“药王”。唐高宗时颁行《新修本草》,是世界上第一部官修的药典。

(3)唐玄宗时,僧人一行主持修订历法,首次实测地球子午线长度,还发现了恒星位置变动的现象。

(4)印刷术和火药在唐代都已出现。当时采用的是雕版印刷,所印以佛教宣传品和日历为多。

第二部分　课后习题详解

1.怎样看待唐朝盛世与唐代文化的关系?

答:唐代文化兼容并包,这是盛世形成的基础。首先,完善科举制度,打破了门阀士族对选官任官的垄断,使更多有才学的寒门子弟进入统治阶层,有利于国家的健康发展和长治久安。其次,对外族文化的吸收,给唐王朝带来了全新的活力,例如在著名的《十部乐》中,大部分为少数民族的音乐形式。在对外交流的过程中,唐王朝始终能够不断学习,不断进步。同时,国家的安定和兴盛也给文化的发展提供了良好环境。二者互相促进,最终形成了我们所看到的局面。

2. 谈谈莫高窟。

答:莫高窟又称千佛洞,位于甘肃敦煌鸣沙山崖壁上,有洞窟 1,000 多个,保存着 3,000 多座彩色塑像和约 4.5 万平方米的壁画。洞窟大部分是隋唐时期开凿的,其中,雕塑的佛像比魏晋南北朝时更具世俗色彩,具有慈祥、温和的特征。石窟壁画以演示佛经故事为主,画面巨大而内容丰富,构图紧密。莫高窟是世界上现存规模最大、内容最丰富的佛教艺术圣地。1987 年,莫高窟被列为世界文化遗产。莫高窟与山西大同云冈石窟、河南洛阳龙门石窟、甘肃天水麦积山石窟合称为中国四大石窟。

第三部分　典型习题详解

一、填空题

1. 我国第一部系统的史学评论著作是刘知几的________。

2. 提出帝王“受命不于天,于其人”观点的唐代思想家是________。

3. 目前世界上现存最早的有明确记载的雕版印刷品是________。

4. 禅宗相传是由印度僧人菩提达摩在北魏末创立的一个佛教宗派,武则天时分为南北二宗,其中南宗的创立者是________。

【答案】

1.《史通》　2. 柳宗元　3.《金刚经》　4. 慧能

二、选择题

1. 世界天文史上最早实地测量子午线的记录是由(　　)进行的。

A. 张衡　　B. 祖冲之　　C. 僧一行　　D. 郭守敬

2. 下列不是唐玄宗组织编撰的是(　　)。

A.《群书四录》　　B.《大唐六典》

C.《大唐开元礼》　　D.《唐会要》

3. 认为宇宙是由混沌的、运动着的元气组成的唐代思想家是(　　)。

A. 李翱　　B. 韩愈　　C. 柳宗元　　D. 刘禹锡

【答案】

1. C　2. D　3. C

第十八章　北宋的建立与变法

第一部分　考点归纳

一、宋初专制集权的加强

960年,后周禁军统领赵匡胤发动兵变夺取帝位,建立宋朝,定都东京(今河南开封),史称北宋。赵匡胤就是宋太祖。

1.官制

在中央,由枢密院专掌军政,三司专掌财政,与宰相分权,并增设参知政事为副相。枢密院又与禁军管理机构"三衙"分权,前者有调兵权但并不统兵,后者统兵但无权调兵。在地方,包括转运司在内,相继设立了平行的四个路级机构,从不同方面对各州进行监控和管理。州一级则增设通判,与知州共同签署文书,彼此制约。

2.军制

将地方精锐部队征入禁军,禁军的半数拱卫京师,另一半镇守地方,定期更换驻地。

3.财政制度

设诸路转运司综理地方财政,保证各州赋税绝大部分上缴朝廷。

4.科举制度

三年举行一次,分三级考试,初级为地方性的解试,二级为礼部主持的省试,三级为皇帝主持的殿试。

二、统治危机的出现

1.积贫

其主要原因是官员和军队的膨胀。政府机构设置重叠,编制庞大;官僚子弟通过“恩荫”入仕过滥；朝廷将募兵作为消除动乱的手段，不断扩招。养官和养兵成为朝廷的沉重负担，财政状况日益恶化。

2.积弱

其主要原因是军政败坏，招兵过滥，训练废弛，导致军队素质下降，战斗力低下。加上指挥系统混乱，兵不识将，将不专兵，重文轻武，以文制武，以至于在作战中被动挨打，屡吃败仗。

三、王安石变法

1.变法的目的

1069年，宋神宗任用王安石为参知政事，主持变法，希望解决“积贫”“积弱”问题，达到富国强兵的目的。

2.变法的主要内容

青苗法、免役法、保甲法、农田水利法、方田均税法、均输法、市易法等。

3.变法的结果

变法推行了十多年，在富国方面取得较大成效，扭转了朝廷财政入不敷出的局面，农业生产也得到一定的推动。但在强兵方面，效果不是很明显。一些变法措施在执行过程中增加了人民的负担，引起争议。

第二部分　课后习题详解

1.如何理解北宋初年加强专制集权措施的正、负面影响？

答：宋初统治者汲取唐朝后期以来藩镇割据、政局不稳的历史教训，尽量将地方权力收归中央。派中央文官出任地方长官“知州”，节度使逐渐变为虚衔。设诸路转运司综理地方财政，保证各州赋税绝大部分上缴朝廷。将地方精锐部队征入禁军，禁军的半数拱卫京师，另一半镇守地方，定期更换驻地。

同时，注意分散各级机构的权力，使其互相牵制。在中央，由枢密院专掌军政，三司专掌财政，与宰相分权，并增设参知政事为副相。枢密院又与禁军管理机构“三衙”分权，在地方，相继设立了平行的四个路级机构（合称“四监司”），从不同方面对各州进行监控。州一级则增设通判，与知州共同签署文书，彼此制约。

为抑制武将势力膨胀，宋初统治者还制定了重文轻武的方针。罢免老将的兵权，枢密院长官皆由文官担任。大力抬高文官和士人的地位，提倡文治，扩大科举规模。

上述措施有效地预防了地方势力膨胀、权臣擅政、武将跋扈等动乱因素，维护了国家的统一和安定，有利于社会经济的发展。但总的指导思想偏重于针对性的"防弊"，矫枉过正，导致权力分散、效率低下，也带来了很大的消极影响。

2.如何评价王安石变法?

答:1069年，宋神宗任用王安石为参知政事，主持变法，希望解决"积贫""积弱"问题，达到富国强兵的目的。最重要的有下面三项：

青苗法。官府在每年青黄不接时分两次贷款给农民，收成后加息20%偿还。目的在于帮助农民生产，使其免受高利贷盘剥。

免役法。官府向本应服役的农民收取"免役钱"，雇人服役，同时向原来不服役的官僚家庭和城市居民收取"助役钱"。这样农民可以获得更多的生产时间，役的负担也更加公平。

保甲法。官府将农村住户十家编为一保。家有两丁以上者，出一人为保丁，农闲时军训，平时在生产之余维持治安。希望借此逐渐恢复古代"兵农合一"的征兵制，取代募兵制。

此外，还有鼓励兴修水利和垦荒的农田水利法，丈量土地均平赋税的方田均税法，国家经营商业的均输法、市易法，加强军事训练的将兵法，以及科举、学校方面的改革，等等。

变法推行了十多年，在富国方面取得较大成效，扭转了朝廷财政入不敷出的局面，农业生产也得到一定的推动。但在强兵方面，效果不是很明显。一些变法措施在执行过程中增加了人民的负担，引起争议。大官僚、大地主在变法中利益受到较大损害，反对尤其强烈。宋神宗死后，反变法派司马光当政，变法的各项措施均被废止。此后朝中党争日益激烈，北宋逐渐走向衰亡。

第三部分　典型习题详解

一、填空题

1.为了限制三帅的权力过大，宋代在中央设立________机构，主管全国的军队调动、训练、供给等事宜。

2.范仲淹在________中提出了具体的改革方案。

3. 王安石变法中，有利于稳定物价与商品交易的措施是________。

4. 以王安石为首的变法派，对《诗》《书》《周礼》三部古代典籍重新加以注释，通称________，以此作为变法的理论依据。

【答案】

1. 枢密院　2.《答手诏条陈十事疏》　3. 市易法　4.《三经新义》

二、选择题

1. "元祐更化"发生在哪位皇帝在位时期？（　　）

A. 宋神宗　　B. 宋理宗　　C. 宋哲宗　　D. 宋光宗

2. 宋代教育行政最高机构为国子监，京师的学校皆隶属国子监，主要有（　　）。

①国子学　　②四门学　　③太学　　④宫学

A. ①②③　　B. ②③④　　C. ①③④　　D. ①②③④

3. 北宋派转运使管理地方财政，其政治作用是（　　）。

A. 保证了中央及京师的财政供给　　B. 为了抵御辽、西夏进攻筹措军费

C. 为议和筹措充足的"岁币"　　D. 使地方丧失割据的经济条件

4. 有关我国古代棉纺织业的表述不正确的是（　　）

A. 南宋时期棉纺织业成为农村主要副业

B. 黄道婆向黎族人民学习棉纺织技术

C. 明朝棉布成为广大人民的主要衣料

D. 明朝松江仍是棉纺织业中心

5. 庆历新政的主要内容不包括（　　）。

A. 严格官吏升迁考核制度　　B. 加强各级长官的保举和选派

C. 严肃中央政令，取信于民　　D. 改革科举制度

6. 以"天变不足惧，祖宗不可法，人富不足恤"的精神进行变法的是（　　）。

A. 王安石　　B. 商鞅　　C. 北魏孝文帝　　D. 张居正

【答案】

1. C　2. A　3. D　4. A　5. D　6. A

第十九章 宋与辽、西夏、金的对峙

第一部分 考点归纳

一、辽与北宋的对峙

1.宋初的北伐

辽是契丹族建立的政权。916年,契丹首领耶律阿保机称皇帝,建立契丹国,定都上京临潢府(今内蒙古巴林左旗),并且征服了漠北和东北地区。北宋统一中原和南方后,希望夺回燕云十六州。宋太宗曾两次发动对辽的北伐,第一次还是他御驾亲征,但都被打得大败。

2.澶渊之盟

1004年,辽发起一次大规模的进攻,打到黄河北岸,宋廷陷入恐慌。因宰相寇准坚持,力劝宋真宗亲临澶州(今河南濮阳)前线,宋军大胜,双方展开议和。最终达成协议:双方保持原来的边界,并结为兄弟之国。北宋每年送给辽银10万两、绢20万匹,称为"岁币"。因澶州又名澶渊,遂史称这项协议为"澶渊之盟"。此后100多年,双方基本维持了和平局面,边境安定,贸易活跃。

二、西夏与北宋的和战

1.西夏建立

西夏是党项族建立的政权。北宋前期,他们接受宋廷册封和赐姓,仍保持半独立地位。1038年,元昊称帝,定都兴庆府(今宁夏银川),国号大夏,史称西夏。

2.宋与西夏的和议

西夏脱离北宋称帝后,双方连续发生几次大的战役,都是夏胜宋败。西夏国力有限,也不能承受长期战争的损耗。1044年双方达成和议:元昊向北宋称臣,宋廷册封元昊为“夏国主”，并且每年送给西夏银7万两、绢15万匹、茶叶3万斤，称为“岁赐”，同时重开边境贸易。宋夏和议之后，边境并不稳定，仍然发生过一些战事，互有胜负。

三、金灭辽和北宋

1.金灭辽

金是东北女真族建立的政权。1114年，女真首领完颜阿骨打举兵反辽，次年建立金朝，定都会宁府(今黑龙江阿城)，亦称上京。1125年，金军俘获辽朝最后一个皇帝，辽亡。

2.金灭北宋

1127年，金军将北宋最后两个皇帝徽宗、钦宗掳回东北，北宋灭亡。金朝灭宋的战事主要发生在宋钦宗靖康年间，史书称之为“靖康之难”。

四、金与南宋的对峙

1.南宋的建立

1127年，宋徽宗的第九个儿子赵构在应天府(今河南商丘)即帝位，是为宋高宗，最后将都城定在临安(今浙江杭州)。他重建的宋政权，史称南宋。

2.南宋与金的和议

1141年，南宋与金订立和约：两国以东起淮水、西至大散关(今陕西宝鸡西南)划界；南宋皇帝向金称臣；每年向金缴纳一笔“岁贡”，包括银25万两、绢25万匹。当时宋高宗的年号为绍兴，史称“绍兴和议”。

第二部分　课后习题详解

1.评价宋朝对几个少数民族政权的外交政策。

答：在宋朝统治期间，在我国版图内还存在着好几个少数民族政权，其中最主要的是辽、西夏和金。

(1)北宋与辽：辽是契丹族建立的政权。北宋统一中原和南方后，希望夺回燕云十六州。宋太宗曾两次发动对辽的北伐，但都被打得大败。此后辽频频发兵南下，北宋转入防御。1004年，辽发起一次大规模的进攻，打到黄河北岸，宋廷陷入恐慌。宋真宗亲临澶州(今河南濮阳)前线，鼓舞了宋军士气。辽军前线统帅被宋军射死,双方展开议和,最终达成“澶渊之盟”。此后100多年,双方基本维持了和平局面,边境安定,贸易活跃。

(2)北宋与西夏:西夏是党项族建立的政权。元昊称帝后,与北宋进入战争状态。1044年双方达成和议。宋夏和议之后,双方的和平并不稳定,仍然发生过一些战事,互有胜负。北宋灭亡后,西夏继续向金朝称臣,接受册封。

(3)南宋与金:1127年,宋徽宗的第九个儿子赵构在应天府(今河南商丘)即帝位,是为宋高宗。宋高宗未能收复失地,最后将都城定在临安(今浙江杭州)。他重建的宋政权,史称南宋。南宋初年,以岳飞为代表的一批将领奋起抵抗金朝的进攻,给对手以沉重打击。1141年,南宋与金订立和约,史称“绍兴和议”。

2.宋朝对外战争一败再败的原因是什么?

答:宋朝的对外战争主要是对辽、西夏与金的战争,对外战争一再失败是多种原因造成的。

(1)重文轻武。宋朝始终以文臣压制武将,并逐步实行文臣统兵和宦官统兵。实行更戍法,不停地调换军队主帅,导致将不知兵、兵不知将。此外,军力衰弱不振,时人称之为“积弱”。

(2)“三冗”问题。①冗兵:军队成为政府招降纳叛、安抚起义民众的工具,职业兵人数直线上升。②冗官:宋增设官职、广任官僚,以达分权制衡、巩固皇权的目的,官僚队伍迅速膨胀。③冗费:由于冗兵和冗官的巨大财政支出,加上每年向辽国和西夏缴纳岁币,北宋入不敷出。

(3)奉行“守内虚外”的政策。大多数禁军驻防在京城及附近地区,而边境上却只有少数禁军驻防。

(4)燕云十六州的丢失。燕云地区是重要的粮食生产基地和畜牧业生产基地,也是抵御游牧民族的一道天然屏障,公元938年,后晋石敬瑭按照契丹的要求把燕云十六州割让给契丹,北方游牧民族铁骑在南下的过程中,受到的阻碍减小。

(5)敌人力量的强大。契丹、党项、女真等游牧民族善于骑射和攻占城池,而北宋缺乏武将,军队又缺乏训练,因此在战争中不断战败。

第三部分　典型习题详解

一、填空题

1.辽、西夏、金的创建者分别是________。

2. 完颜阿骨打称帝后，扩充和整顿了金朝的军队，推行了________。

3. 西夏是________族建立的政权。

【答案】

1. 耶律阿保机　李元昊　完颜阿骨打　2. 猛安谋克制　3. 党项

二、选择题

1. 契丹贵族(　　)率兵逃到伊犁、锡尔两河流域间，凭借回纥的力量，建立了国家。

A. 耶律大石　　B. 耶律阿保机　　C. 耶律德明　　D. 耶律德光

2. 两宋与少数民族作战的结果，不是"不败而败"就是"战无不败"，究其原因在于(　　)。

A. 两宋作战战略战术运用不当　　B. 两宋的经济实力不如对方

C. 两宋的兵力不如对方　　D. 两宋统治集团内部妥协、投降派当道

3. 从辽、宋、夏三者关系的发展变化，可以看出汉族与少数民族(　　)。

A. 民族间相互冲突不可避免　　B. 政权的强弱取决于军事力量的强弱

C. 民族隔阂在增大　　D. 民族间相互交流是历史发展的主流

4. 金朝(　　)在位期间，推行了一系列的社会改革措施，达到了金朝统治的鼎盛局面。

A. 金太宗　　B. 金世宗　　C. 海陵王　　D. 金熙宗

5. (　　)是金初的中央官制，组成国家最高军政决策和执行机构。

A. 猛安谋克制　　B. 勃极烈制　　C. 头下军州　　D. 南北面官制

【答案】

1. A　2. D　3. D　4. B　5. B

第二十章 元朝的大一统

第一部分 考点归纳

一、蒙古的崛起

12 世纪后期到 13 世纪初,蒙古部的杰出首领铁木真打败其他部落,逐渐统一了草原。1206 年,铁木真建立蒙古汗国,他被奉上成吉思汗的尊号,后来又被元朝追尊为太祖。

二、元世祖统一全国

1.元朝的建立

1260 年,成吉思汗的孙子忽必烈即位,将统治重心从草原转移到中原地区,并着手改革蒙古旧制,推行"汉法"(指中原传统政治制度),兴建大都(今北京)作为首都。1271 年,改国号为"大元",忽必烈就是元世祖。此后蒙古在中亚、西亚、东欧的统治区脱离元朝独自发展,形成了四大汗国,但在名义上仍将元朝尊为宗主国。

2.元灭南宋

1276 年,元军攻占南宋都城临安,1279 年,元军追击南宋余部到厓山,陆秀夫背负南宋最后一个小皇帝投海而死,元朝完成了对全国的统一。

三、巩固统一的措施

(1)设立行省制度,它的创立是中国古代地方行政制度的重大变革,是中国地方省制的开端。

(2)在西藏设宣政院进行管理,在澎湖设立巡检司,加强对琉球(今台湾)的管辖。

(3)以大都为中心,修筑大量的驿站和驿道,加强了各地的联系

四、民族关系与中西交通

(1)元朝实行“四等人制”,依次为蒙古、色目、汉人、南人。四等人的政治、法律地位不完全平等,体现了民族歧视和民族压迫的特性。

(2) 元朝在民族关系方面发生了一些积极的变化。今天的蒙古族和回族,基本上是在元朝形成的。民族杂居现象十分普遍。各民族文化相互影响,交相辉映,成为元朝的时代特色。

(3)元朝的中西交通重新进入繁荣期,意大利旅行家马可·波罗在元世祖时经陆路来到中国,他的口述经历被写成《马可·波罗游记》,向中世纪欧洲人展示了新奇的东方世界,对以后的欧洲航海家、探险家产生了很大影响。

第二部分　课后习题详解

1.元朝巩固统一的措施有哪些?

答:(1)政治方面:为巩固统一,加强对辽阔疆域的管理,元朝实行了行省制度。当时中央的宰相机构是中书省,委派官员代表中书省处理地方事务,并逐渐固定为地方常设机构,称为行中书省,简称行省。除今天的河北、山西、山东漠南部分地区由中书省直辖外,全国共设岭北、辽阳、甘肃、陕西、河南江北、江浙、江西、湖广、四川、云南 10 个行省。行省辖区广阔,权力集中,统治效率较高。它的创立是中国古代地方行政制度的重大变革,是中国地方省制的开端。

(2)少数民族方面:西藏在元朝正式纳入中央政府的统治,由中央专设的宣政院进行管理。元朝还在澎湖设置了巡检司,加强对琉球(今台湾)的管辖。

(3)交通方面:元朝的交通、邮递系统十分发达。以大都为中心,修筑了四通八达的驿道,沿线设有上千处驿站,为公差人员提供交通和生活服务,也用来运输官府物资。又隔一定距离分设急递铺,由专设的铺兵负责传递文书。

2.元朝的统一在中国历史上有什么意义?

答:(1)元朝的统一结束了唐末以来国内分裂割据和几个政权并立的政治局面,奠定了元、明、清六百多年国家长期统一的政治局面。

(2)元朝的统一促进了国内各族人民之间经济文化的交流和边疆地区的开发,进一步促进了我国统一的多民族国家的巩固和发展。

(3)元朝的统一为科学技术的发展创造了良好条件。

(4)元朝的统一还加强了中外文化交流和中西交通的发展。

(5)从蒙古族的历史发展角度来看,统一的过程就是蒙古族从奴隶社会向封建社会转变的过程。

第三部分　典型习题详解

一、填空题

1. 元代实行带有民族歧视与压迫色彩的“四等人制”,其中第二等级是________人。
2. 1276 年,元军攻占南宋首都________。

【答案】

1. 色目　2. 临安

二、选择题

1. 元世祖时曾按居民贫富划分为上、中、下三等户,登记户等的簿籍叫作(　　)。

A. 鼠尾文簿　　B. 鱼鳞图册　　C. 赋役黄册　　D. 鼠尾图册

2. 有关元朝历史的说法不正确的是(　　)。

①由成吉思汗建立

②中书省是最高行政机构

③民族分化政策不具有进步性

④是长期分裂后出现的大统一朝代

⑤解决大都粮食是海运和漕运的主要目的

⑥最大的外贸港口是广州

A. ①②③　　B. ④⑤⑥　　C. ①⑥　　D. ②③④⑤

3. 三通不包括哪本书?(　　)

A.《通典》　　B.《史通》　　C.《通志》　　D.《文献通考》

【答案】

1. A　2. C　3. B

三、简答题

简述元代中央和地方的政治制度及元代政治制度在中国古代制度史上的地位。

答:(1)元代中央和地方的政治制度:

①在中央，元朝承袭了汉族封建政权的皇帝制度，皇帝为全国最高统治者；中央政府的机构，主要由中书省、枢密院和御史台构成；采用了三省六部制，同时又有所变化。此外，元代还设有宣政院，管全国佛教事务并统辖吐蕃地区，这是历代王朝所没有的。

②在地方，为巩固统一，加强对辽阔疆域的管理，元朝实行了行省制度，全国共设岭北、辽阳、甘肃、陕西、河南江北、江浙、江西、湖广、四川、云南 10 个行省。行省辖区广阔，权力集中，统治效率较高。它的创立是中国古代地方行政制度的重大变革，是中国地方省制的开端。

(2)元代政治制度在中国古代制度史上的地位：

①元代政治制度在中国古代政治制度史上具有承前启后的作用。一方面，吸收了历代政治制度的优秀成果；另一方面，又依据新的历史条件加以创新发展，为后人留下了宝贵遗产。

②元朝政治制度的基本架构采用了汉族封建政权的组织形式，体现了后者在政治构建上的巨大优势，维持了中国政治制度发展的连续性和稳定性，符合文明发展和传播的基本规律。

第二十一章　经济发展和经济重心的南移

第一部分　考点归纳

一、农业

1.宋代农业

(1)农具更加复杂多样,大量兴修水利工程,唐末出现的圩田在南方得到进一步推广。

(2)一年两熟的稻麦复种制在南方十分普及,提高了耕地的利用率。

(3)茶树、甘蔗、果树等经济作物的种植面积不断扩大,对传统自然经济结构有一定突破。

2.元代农业

(1)汉族地区先进的农作技术向边疆推广,使这些地区的农业进步显著。

(2)宋朝时从外国传入的棉花,在元朝得到大力推广,南方植棉已经相当普遍。

二、手工业

1.丝织业

宋朝丝织业以江浙和四川为中心,产品花色种类繁多。棉纺织业在南宋开始兴起。松江在以后长期作为全国棉纺织业的中心。

2.制瓷业

宋朝制瓷业有重大发展,有著名的定、汝、官、哥、钧五大瓷窑。元朝时,烧出了釉下彩绘的青花瓷和釉里红。瓷器大量出口海外,继丝绸之后成为中华文明新的象征。

3. 矿冶业

煤的开采量很大，都城东京的居民全用煤做燃料。燃料的改进大大提高了金属冶炼的产量和质量。宋朝煤的广泛使用，以及矿冶业特别是冶铁业的巨大发展，被一些学者誉为“煤铁革命”或“黑色革命”。

三、商业和城市

宋朝是中国古代商品经济发展的一个高峰。全国市场形成城市、镇市、草市三级结构。商品流通规模的扩大导致货币需求量大增，北宋出现了世界上最早的纸币“交子”。

海外贸易非常活跃，主要外贸港口有广州、泉州、明州(今浙江宁波)等。北宋都城东京是当时世界上最大的商业都会，人口稠密，商业繁荣，文化娱乐活动丰富多彩。

四、经济重心南移

经济重心的南移从唐朝中期开始，“靖康之难”使北方再遭战火，大批人口南渡，完全奠定了南方经济重心的地位。长江下游和太湖流域一带，成为全国最重要的粮仓。元朝的南、北经济差距继续扩大。自南宋起，江浙一带成为人才集中的地区。

第二部分　课后习题详解

1. 宋元时期的经济发展有哪些具体表现？

答：(1)农业。宋朝时，农具品种更加复杂多样，大量兴修水利工程，唐末出现的圩田在南方得到进一步推广。南北方均出现了复种制，提高了耕地的利用率。茶树、甘蔗、果树等经济作物的种植都取得了进一步发展，对传统自然经济结构有一定突破。

元朝统治者也很重视农业。汉族地区先进的农作技术向边疆传播，使这些地区的农业进步显著。宋朝时，南方植棉已经相当普遍。

(2)手工业。宋朝丝织业以江浙和四川为中心，产品花色种类繁多。棉纺织业在南宋开始兴起。元朝时，生产效率得到显著提高。

宋朝制瓷业有重大发展，有著名的定、汝、官、哥、钧五大瓷窑。元朝在彩绘瓷生产方面取得进展。宋元时期，瓷器继丝绸之后成为中华文明新的象征。

矿冶业有重大发展。煤开采量的大增以及燃料的改进,大大提高了金属冶炼的产量和质量。

宋元时期的造船技术十分发达。

印刷业是这一时期新兴的手工业,推动了文化的普及。

(3)商业。宋朝是中国古代商品经济发展的一个高峰。全国市场形成城市、镇市、草市三级结构。商品流通规模的扩大导致货币需求量大增,北宋时期还出现了世界上最早的纸币"交子"。

(4)对外交往。宋元两朝与亚洲、非洲的许多国家和地区都有贸易往来,外贸税收成为国库的重要税源。主要外贸港口有广州、泉州、明州(今浙江宁波)等。

(5)城市发展。北宋都城东京是当时世界上最大的商业都会,人口稠密,商业繁荣,文化娱乐丰富多彩。

2. 中国经济重心的南移是怎样完成的? 主要表现是什么?

答:从唐朝中期开始的经济重心南移趋势在北宋继续发展。政治重心虽在北方,经济上却明显依赖南方,南粮北运的数字超过唐朝后期。全国户口分布南多北寡的格局,在北宋也已定型。"靖康之难"使北方再遭战火,大批人口南渡,完全奠定了南方经济重心的地位。长江下游和太湖流域一带,成为全国最重要的粮仓。

元朝的南、北经济差距继续扩大。全国五分之四的人口集中在江浙、江西、湖广三行省,江浙一省的税粮即超出全国三分之一。为将南方财赋顺利北运,元朝重新开通了大运河,改变隋唐时迂回曲折的航线,航程大为缩短,运粮船可以直接驶入大都积水潭停泊。元朝还创造性地开辟了长途海运航线,主要任务也是运输江南的粮食。

南方经济发展带动了文化的进步。北宋时,南方人在全国统一的科举考试中优势明显,朝廷被迫采取南、北分卷制度,各自划定名额分别录取。自南宋起,江浙一带尤其成为人才集中的地区。

第三部分　典型习题详解

一、填空题

1. 元朝的南北经济联系的成果,还体现在一部集大成的农学著作上,即________。

2. 南宋时期________取代广州成了最大的外贸基地。

【答案】

1.《农书》　2. 泉州

二、选择题

1. 与汉唐相比，宋元经济发展的特点是(　　)。

①经济重心移至江南地区　　②商品经济活跃，出现了纸币

③对外贸易频繁，转为海路为主　　④棉纺织业成为新兴的手工业

A. ①②③　　B. ②③④　　C. ①③④　　D. ①②③④

2. 我国古代对外贸易由汉唐陆路贸易为主转为宋元海上贸易为主的原因，不包括(　　)。

A. 专制政府实行闭关政策　　B. 南方相对稳定，经济重心南移

C. 北方长期战乱，殃及丝绸之路　　D. 造船及航海技术的提高

3. 以下对于南宋时期南方经济论述有误的一项是(　　)。

A. 经济中心南移过程至此完全结束

B. 南方水利工程的兴建提高了生产力水平

C. 南方大部分地区经济备受金军摧残

D. 北方移民的大量涌入增加了劳动力

【答案】

1. D　2. A　3. C

三、名词解释

交子

答: 交子是北宋初年，即公元 10 世纪末叶，发行于成都的一种纸币，后发展成为两宋川蜀地区通用的法定货币，是世界上最早的纸币。为了解决金属货币短缺和流通不便的问题，宋真宗时成都 16 户富商主持印造了一种铁钱代用券，叫“交子”。仁宗年间，设交子务，改交子为官办，以 36 万贯铁钱为本金，定期限额发行，流通区域仍限于四川。徽宗时，改交子为“钱引”，扩大流通区域。

四、简答题

试述中国古代经济文化重心转移的影响。

答:(1)中国古代经济重心的南移过程，是南方地区逐步开发、发展的历程，它改变了黄河流域“一枝独秀”的历史现象，使南方摆脱了“荆榛遍野、刀耕火种”的原

始状态,经济得到飞速发展,进而后来居上,成为全国经济最发达的地区,对中国的经济格局产生了深远的影响。

(2)经济重心的南移带动了全国经济的发展,中原地区先进的生产技术向南传播,进而向边疆地区渗透,使各地经济的发展趋于平衡。同时,南方经济的发展也拉动了北方经济,促进了全国经济的整体发展。

第二十二章　宋元时期的文化

第一部分　考点归纳

一、理学和心学

1. 程朱理学

儒家思想在佛教的刺激下，开始较多地关注宇宙观、认识论等哲学命题，并将它们与现实社会的伦理道德秩序结合起来，逐渐形成了以“理”为核心的新儒学体系，称为理学。其代表人物是北宋的程颢、程颐兄弟和南宋的朱熹，因此也被称为“程朱理学”。

朱熹是理学发展的集大成者。他阐述说：“理”或称“天理”，是宇宙的本源，在具体事物上表现为这件事物的构成原理，在社会上表现为儒家伦理道德，在人身上表现为理想的人性。他主张“存天理，灭人欲”。

2. 陆九渊与心学

与朱熹同时代的陆九渊则认为，“理”不需要到外物上寻找，它就存在于人的内心。心即是理，也就是宇宙的本源。只要认真反省内心，就可以体会到天理。他的学说被称为“心学”。

二、史学

北宋司马光主编的《资治通鉴》，是我国第一部规模宏大的编年体通史。

三、文学

(1)唐代文坛出现的词到宋代进入鼎盛时期，保存到现在的宋词有 2 万多首。宋词作家以豪放派的苏轼、辛弃疾和婉约派的柳永、李清照成就最大。

(2)元代文学的主要成就是曲,其中包括散曲和杂剧。元杂剧标志着我国古代戏曲艺术的成熟,代表作有关汉卿的《窦娥冤》、王实甫的《西厢记》等。

(3)在宋元时期,在城市中说书演出非常盛行。说书人讲故事的底本被称为“话本”,实际上就是早期的白话小说。

四、艺术

(1)书法:以苏轼、黄庭坚、米芾、蔡襄四大家最为著名。

(2)绘画:以山水画和市井风俗画最为突出,代表作品有张择端的《清明上河图》。元代赵孟頫是兼工书法、绘画的大艺术家。

五、科技

(1)印刷术、指南针和火药三大发明基本成熟,为人类文明的进步作出了重要贡献。北宋工匠毕昇发明了活字印刷术,后来又出现了木活字和金属活字。北宋时用人工磁化的方法制造的磁体,产生的磁性较为稳定持久,这样就造出了指南针,并且广泛应用于航海。南宋时发明了管形火器“突火枪”,元朝又造出器型较大的火铳,成为后世枪炮的始祖。

(2)北宋的沈括和元朝的郭守敬,是代表这一时期科技发展水平的典型人物。沈括写成了《梦溪笔谈》;郭守敬创制出近20种天文观测仪器,编纂了《授时历》。

【真题回顾】“宋元小说话本在宋元至明代初期,都是以单篇的形式流传的。明中叶以后,在李贽等人的倡导下,一些文人书商对流传于民间的末元话本小说进行收集整理,加以刊印。”这种情况的出现是因为(　　)。

①程朱理学的兴盛　　②印刷技术的进步

③海禁政策的松动　　④通俗文学的发展

A. ①②　　B. ③④　　C. ①④　　D. ②④

【答案】D

第二部分　课后习题详解

1. 宋代理学是如何产生的？理学和心学的主要区别是什么？

答:(1)儒家思想在佛教的刺激下,开始较多地关注宇宙观、认识论等哲学命题,并将它们与现实社会的伦理道德秩序结合起来,逐渐形成了以“理”为核心的新儒学体系，称为理学。宋代理学产生的原因有两个：一是外来的影响，二是内在的变化。

①外来的影响：无形中受到佛、道的影响。宋初学者重新提倡儒学，特别注意儒家思想体系的建立，同时吸收道教中关于宇宙的本体的概念，作为建构理学宇宙论、本体论的重要部分。但是，理学家著述立法的目的，在于救世济民，寻求建立一个完美的社会，因此仍以伦理为主。故儒、道、佛三种思想糅合，乃产生理学。

②内在的变化：儒家本身的思想变化。儒学自两汉以迄隋唐，已由孔、孟、荀的儒家之学变为经学。而且所谓经学，从西汉、东汉到唐代，已由注重微言大义的今文学经，变为专重训诂考据的古文经学。

(2)理学和心学的主要区别：理学认为性即理，心能显著出理，认识理，按理来想来做。心学则认为心即性，性即理，故心发出来的就是理，不必绕到外面去另寻路径。理学的求理方法为：格物→致知→诚意→正心。心学的求理方法为：致知→诚意→格物→正心。

2. 宋元时期我国的文学和科学技术有哪些主要成就？

答：(1)文学：宋元时期出现了不少名家和巨著。

①北宋司马光主编的《资治通鉴》，是我国第一部规模宏大的编年体通史，记述了从战国到五代 1,300 多年的历史，体例严谨，考订精确，叙事生动。

②唐代文坛出现的词到宋代进入鼎盛时期，保存到现在的宋词有 2 万多首。宋词作家以豪放派的苏轼、辛弃疾和婉约派的柳永、李清照成就最大。

③元代文学的主要成就是曲，其中包括散曲和杂剧。元杂剧标志着我国古代戏曲艺术的成熟，代表作有关汉卿的《窦娥冤》、王实甫的《西厢记》等。

④在宋元时期，在城市中说书演出非常盛行。说书人讲故事的底本被称为“话本”。话本实际上就是早期的白话小说。

(2)科技：印刷术、指南针和火药三大发明基本成熟，为人类文明的进步作出了重要贡献。

①北宋工匠毕昇发明了活字印刷术，既节省印刷费用，还大大提高了印刷效率。毕昇的活字是用泥制成的，后来又出现了木活字和金属活字。

②北宋时，开始使用人工磁化的方法制造磁体，产生的磁性较为稳定持久，这样就造出了指南针，并且广泛应用于航海。

③火药在北宋已经大量制造并用于军事，由燃烧型火器逐步发展为爆炸型火器。南宋时发明了管形火器“突火枪”，元朝又造出器型较大的火铳，成为后世枪炮的始祖。

④北宋的沈括和元朝的郭守敬，是代表这一时期科技发展水平的典型人物。

沈括的著作《梦溪笔谈》记载和总结了当时的许多科技成果，在我国和世界科技史上占据重要地位。郭守敬创制出近 20 种天文观测仪器，主持了全国范围的天文测量，编定了新的历法《授时历》。

第三部分　典型习题详解

一、填空题

1. 南宋郑樵编撰的《通志》，是以人物为中心的纪传体通史，其中该书的精华是________。

2. 我国历史上第一部刊刻印行的封建法典是________。

【答案】

1. 二十略　2.《宋刑统》

二、选择题

1. 南宋书院的复起，是由朱熹开始的。他重建白鹿洞书院，亲自到书院讲学，还亲手制定(　　)。

A.《九经》　　B.《白鹿洞学规》

C.《白鹿洞定则》　　D.《书院守规》

2. 金石学是宋代史学新开拓的领域，我国现存最早的金石学研究的专著是(　　)。

A. 赵明诚的《金石学》　　B. 欧阳修的《集古录》

C. 赵明诚的《集古录》　　D. 欧阳修的《金石学》

3. 雕版印刷术在北宋时有飞跃发展，广泛用于刻印书籍，其中国子监刻印的书称为(　　)，民营书坊刻印的书称为(　　)。

A. 监本，坊本　　B. 官本，民本　　C. 正本，副本　　D. 正本，次本

4. 宋代私人书院与官办学校相比，其特色是(　　)。

A. 鼓励讨论、辩难，学风活跃　　B. 评议朝政

C. 轻视伦理道德教育　　D. 淘汰不合格生员

5. (　　)和他的门人著书立说，旗帜鲜明地反对理学，被称为“永康学派”。

A. 张载　　B. 陈亮　　C. 叶适　　D. 陆九渊

【答案】

1. B　2. B　3. A　4. A　5. B

第二十三章　明朝的统治

第一部分　考点归纳

一、明朝建立与君主专制的强化

1.明朝建立

1351年，爆发了刘福通领导的农民起义，起义军头包红巾，称为红巾军。在混战中，佃农出身的红巾军将领朱元璋势力逐渐强大，统一了南方。1368年，朱元璋称帝，定都应天府(今江苏南京)，国号“大明”，朱元璋就是明太祖。同年明军北伐，攻占大都，推翻了元朝。

2.君主专制的强化

(1)中央废除了自秦以来一直实行的宰相制度，六部直接对皇帝负责。皇帝集国家元首、政府首脑于一身。明太祖将当时的最高军事机构大都督府分为中、左、右、前、后五军都督府。

(2)在地方，改元朝的行中书省为承宣布政使司，负责民政和财政。另设都指挥使司负责军政，提刑按察使司负责监察和司法，它们合称“三司”。

(3)设立特务机构锦衣卫，负责监视和侦察官民的言行，有权逮捕、施刑。

3.八股文

明朝的科举制考试专门从《四书》《五经》中命题，回答时必须按照程朱理学的思想，模仿古代“圣贤”口吻写作，不许发挥个人见解。答卷的文体也有严格限制，其主要部分为四段对偶排比文字，俗称“八股文”。这种考试制度严重地束缚了士人的思想。

二、内阁与宦官

1. 内阁

明成祖选拔了一些文官到皇宫内的文渊阁值班，充当秘书。从此形成一个常设的秘书咨询机构，称为“内阁”，内阁的官员称为某殿或某阁大学士。内阁成员拟写的处理政务的意见称为“票拟”。皇帝参考“票拟”的内容，用红笔正式批复，称为“批红”。

2. 宦官专权

明成祖重用宦官，内廷宦官机构的设置逐渐增多，合称“二十四衙门”。各机构的主管宦官称太监，以后太监遂成为宦官的代称。明朝中期，宦官专权的局面逐渐形成。后来，宦官还被派遣坐镇地方、监督军队、管理税收，实际上成为皇帝监视官僚机构的工具。

三、明朝的衰亡

明朝中后期，政治日益腐败。明世宗时的严嵩、明英宗时的王振、明武宗时的刘瑾，都权倾一时。17 世纪前期明熹宗在位时，宦官魏忠贤主宰朝政，党羽遍布内外。

明朝末年天灾不断，朝廷横征暴敛，大批农民流离失所，纷纷起义。农民军形成了李自成、张献忠两大主力。1644 年，李自成在西安建立“大顺”政权，张献忠则占领四川，建立了“大西”政权。这一年，李自成大军攻占北京，明思宗自缢，明朝灭亡。

【真题回顾】明宣宗时期，设内书堂作为宦官学习之所，后以司礼监秉笔太监代皇帝“批红”。设内书堂的主要目的是(　　)。

A. 用宦官牵制内阁　　B. 加强对地方的控制

C. 提高宦官的文化素养　　D. 剥夺内阁的权力

【答案】A

第二部分　课后习题详解

1. 朱元璋为强化君主专制制度采取了哪些措施?

答:明太祖大力加强君主专制制度，对中央和地方官制进行了很大调整。

(1)中央废除了自秦以来一直实行的宰相制度,六部直接对皇帝负责。皇帝集国家元首、政府首脑于一身。

(2)明太祖还将当时的最高军事机构大都督府分为中、左、右、前、后五军都督府。五军都督府分担日常统兵权,但没有调兵权;兵部有调兵权,而无统兵权。遇到战事,兵部奉旨调兵,由皇帝临时任命将领统率出征。

(3)在地方,改元朝的行中书省为承宣布政使司,负责民政和财政。另设都指挥使司负责军政,提刑按察使司负责监察和司法。它们合称"三司",各自对中央负责,互不统属。

(4)明太祖性格多疑,设立了特务机构锦衣卫,负责监视和侦察官民的言行,有权逮捕、施刑。锦衣卫由皇帝控制,不受政府司法部门管辖。

(5)科举制在明朝也有重要变化。专门从《四书》《五经》中命题,回答时必须按照程朱理学的思想,模仿古代"圣贤"口吻写作,不许发挥个人见解。

2.明朝的内阁是怎样产生的?为什么在明朝中后期会出现宦官专权的局面?

答:(1)明朝内阁的产生:由于皇帝无法独自处理庞杂的政务,不得不找人协助。明成祖选拔了一些文官到皇宫内的文渊阁值班,充当秘书。从此形成一个常设的秘书咨询机构,称为"内阁",内阁的官员称为某殿或某阁大学士。明朝中期,内阁地位上升,其中,排名首位的大学士俗称"首辅",尤其受到重视。自此,内阁的权力日益增大,到明世宗中叶,夏言、严嵩等人执掌内阁,把控朝政。

(2)宦官专权局面产生的原因:①明代君主集权专制制度发展。要加强军权,必须削弱相权,明朝废除了中书省和丞相制度,这是导致明代宦官专权的一个最直接、最主要的原因。②利用宦官防范权贵大臣。为了防范大臣,开始重用宦官,授予他们许多特权,并使其与内阁的权势相抗衡。这促使宦官权力越来越大,最终酿成大祸。③明朝中后期皇帝疏于朝政,给宦官专权以可乘之机。④宦官机构的自我完备。他们不仅掌握了宫廷内一切的饮食起居,还掌握了全国的政治、经济、军事大权。⑤皇帝对外臣猜疑防范,迫使他们不得不依赖于宦官。明代宦官操纵厂里,建立起完备的机构组织,进而专权。

第三部分　典型习题详解

一、填空题

1.明朝初期的屯田包括民屯、军屯和________。

2. 明朝内阁的职掌在于“票拟”,但票拟是否照准,取决于皇帝的“________”。

3. 明朝科举仍以考试为手段,分乡试、________和殿试三级考试,以三年为一期。

4. 张居正提出了________,让吏部、兵部把知府以上的文武官员的姓名、籍贯、出身、资格书于屏风上,严格考核其政绩、功过。

【答案】

1. 商屯　2. 批红　3. 会试　4. 考成法

二、选择题

1. 关于锦衣卫的说法不正确的是(　　)。

A. 超越司法部门而由皇帝直接指挥

B. 兼管侦察、逮捕和审讯事务

C. 设立于明成祖朱棣时期

D. 表明明朝对官吏的监视和对人民镇压的加强

2. 朱元璋称帝前采用朱升的建议,以积蓄力量。该建议不包括(　　)。

A. 高筑墙　B. 广积粮　C. 缓称王　D. 灭邻邦

3. 明前期的蒙古三部中没有(　　)。

A. 兀良哈部　B. 鞑靼部　C. 瓦剌部　D. 畏兀儿部

4. 1629 年太仓人(　　)联络江、浙诸省文人,提出复兴古学的口号,将全国16 个文社合并而成复社。

A. 张溥、张采　B. 沈一贯、方从哲

C. 顾宪成、高攀龙　D. 顾宪成、张溥

5. 下列关于《大明律》的说法不恰当的是(　　)。

A. 制定于明太祖统治期间　B. 内容增加了经济立法

C. 量刑“重其重罪,轻其轻罪”　D. 提出“王子犯法与庶民同罪”

【答案】

1. C　2. D　3. D　4. A　5. D

第二十四章　清朝的兴衰(鸦片战争以前)

第一部分　考点归纳

一、清朝的建立与初步统一

(1)1616 年,努尔哈赤在赫图阿拉(今辽宁新宾)称汗,国号金,史称后金。

(2)1636 年,皇太极在盛京(今辽宁沈阳)称帝,改国号为清,并将女真族名改为满洲。

(3)1644 年,山海关守将吴三桂降清,清兵入关消灭李自成的农民军政权。经过 20 多年的激烈战斗,清军将南明的几个小朝廷和农民军余部一一打败,初步统一了全国。

二、"康乾盛世"的君主专制

1.康乾盛世

清朝第四至六代皇帝康熙、雍正、乾隆在位期间,政治稳定,版图巩固,经济繁荣,出现了长达 100 多年的鼎盛时期,史称"康乾盛世"。中国古代的君主专制体制在这一阶段发展到了顶峰。

2.清朝加强君主专制的措施

(1) 奏折

它是官员向皇帝上呈的机密文书。这种联系方式既快速又保密,使皇帝能够更直接、更广泛地获取信息,提高了决策效率。大批官员都通过奏折与皇帝形成单线联系,皇帝对官僚机构的控制显著加强。

(2)军机处

雍正时,在宫内设立了军机处,军机处与内阁在中枢秘书工作上形成分工。有关常规政务、可以公开的文件仍由内阁起草并发布，称为“明发”。事关重大的机密文件则由军机处起草，经皇帝阅准后密封，由兵部派人火速送达有关机构或地方执行，称为“廷寄”。

（3）文字狱

清朝统治者对思想文化的控制非常严密，多次大兴文字狱。早期的文字狱主要针对汉人的民族意识，后来，发展为对诗文字句吹毛求疵，罗织罪名，达到了荒谬的地步。文字狱使君主专制的淫威笼罩了知识界，对文化造成了严重的摧残。

三、清朝由盛转衰

（1）农民起义频发

四川、湖北、陕西三省爆发的白莲教大起义持续了 10 年之久。嘉庆后期，白莲教支派天理教发动的一次起义还攻入了北京皇宫。

（2）西方侵略者的窥伺

以英国为代表的西方资本主义列强也在积极图谋侵略中国。面对内外交困的危局，统治者逐渐无力。

第二部分　课后习题详解

1.清朝的君主专制统治与前代王朝相比有哪些新的特点？

答：（1）中央集权制度加强，皇权高度集中。清朝建立之初，基本上沿袭明制，但又有发展。从雍正帝时起，设立军机处作为全国军政要务的办事机构。军机大臣均由皇帝最亲信的人充当，直接对皇帝负责，县以上各级官吏也均由皇帝任命，这就大大地加强了专制主义的皇权，从中央到地方各级官吏都成了皇帝的奴仆。

（2）中央机构各部门采取满汉复职制，但实权掌握在满族贵族手中。汉族官吏受很多限制，权力不大，军队中八旗比绿营地位高，待遇优厚。

（3）有些职务重叠，一权几授。如每一省设一巡抚，但有的一个省或两三个省又设一总督，巡抚和总督都是封疆大吏，都有向皇帝单独上奏的权力，并可以互相参劾，互相牵制。这样便于皇帝从中驾驭，加强控制。

（4）大兴文字狱，实行文化专制统治，使许多知识分子不敢过问政治，束缚了他们的思想，这是清统治者在思想上进一步加强君主专制的措施。

2.谈谈军机处。

答：（1）雍正时，在宫内设立了军机处。军机处是一个人员简练、办事迅速保密的非正式机构,主要官员称为军机大臣。

(2)军机处总揽军、政大权,成为执政的最高国家机关。它完全处于皇帝的直接掌握之下,等于皇帝的私人秘书处,是封建皇权的统治工具。

(3)职能有:负责皇帝下达谕旨的撰拟和官员上报之奏折文书的处理。办理皇帝交议的大政,凡遇重要政事,皇帝不能裁决的,或交军机处议奏,或密议,或交军机处会同关系衙门议奏。某些重大案件,皇帝特交军机大臣审理拟定,或由军机大臣会同三法司审拟。重要文武官员之任免及各部尚书、侍郎、各省总督、巡抚、以至道、府、学政、关差、盐政以及驻防将军、都统、驻各边疆地区之领队大臣、办事大臣等官员的补放,均由军机大臣负责开列应补人员名单,交皇帝选择任用。遇科考,也由军机大臣开列主考、总裁名单,奏请皇帝选用。复试或殿试,军机大臣负责核对试卷、检查笔迹或任命阅卷官。考查行军之山川、道里与兵马钱粮。军机大臣可奉皇帝旨意,以“钦差”身份,往各地检查或处理一些政事。

第三部分　典型习题详解

一、填空题

1. 明万历年间,________统一了女真各部,建立政权,国号大金,史称后金。

2. 1644 年,山海关守将________降清,清兵入关消灭李自成的农民军政权。

【答案】

1. 努尔哈赤　2. 吴三桂

二、选择题

1. 雍正年间,因与准噶尔部作战,为了紧急处理西北军务,设(　　),挑选内阁中谨慎可靠的中书办理机密事务,后又改称(　　)。

A. 军机房,殿阁大学士　　B. 军机处,殿阁大学士

C. 军机房,军机处　　D. 殿阁大学士,军机处

2. 下列关于中国封建社会赋税制度演变趋势的表述,不正确的是(　　)。

A. 赋税缴纳方式趋于简化和货币化

B. 农民对封建国家的人身依附关系趋于弱化

C. 客观上反映了商品经济不断发展的要求

D. 人头税在赋税中所占的比例越来越大

【答案】

1.C　2.D

三、简答题

简要评述元、明、清地方行政体制的发展演变。

答:(1)元朝在地方行政体制上实行行省制度,委派官员到各地署事,行使中书省职权,使中央集权分寄于地方;“腹里”隶属中书省;宣政院管辖吐蕃,在边远地区设宣慰司。行省制的形成是地方制度的一大变革,元代比前代直接管理着更大的边疆地区,行省制利于保持东北、西北等地和中原的一体化,元是第一个对西藏地区进行有效管理的朝代,西藏自此成为中国的一部分。

(2)明朝为了加强中央集权,撤销了行省名称的机构,把全国分为 12 个布政使司和南京直隶区;后改北平布政使司为北京,增云南、贵州两布政使司,俗称两京 13 省。明在省一级改置承宣布政使管地方民、财两政,提刑按察使管司法,都指挥使管军政,互不统属,各自直属于皇帝。将原先实行全面管理的行省变成军、政、司法的分立,避免地方官员专权,使地方集权于中央。

(3)清朝实行以督抚制为核心的地方行政体制。督抚由皇帝派遣,直接对皇帝个人负责,可控制辖区内的绿营兵,但无权管理八旗兵。同时财政、司法等衙门继续存在,牵制督抚。对龙兴之地东三省,清朝以盛京留守为中心,实行军区体制,设置黑龙江、吉林、奉天三将军,完全由八旗兵驻扎;将军是最高行政、军事长官。

(4)元时中央权力分寄,明、清两代皇帝对地方进行削弱和分权,把地方行政、财政、司法、军事分给几个互不统属又各自直属于中央的部门管理,彼此牵制,借以避免地方权力过大。

第二十五章　统一多民族国家的巩固与发展

第一部分　考点归纳

一、同蒙古、新疆地区关系的加强

1.明朝与蒙古的关系

(1)为防御蒙古骑兵南下,明朝在古代长城的基础上,重新修筑了明长城。

(2)明中期国力衰退,瓦剌和鞑靼不断威胁明朝北部边防,两次突破长城深入内地,包围北京。

(3)1571年,鞑靼首领俺答汗与明朝订立和议,受封为顺义王。双方恢复并扩大贸易关系,维持了几十年的和平局面。

2.与边疆少数民族的关系

(1)明朝与边疆少数民族经济联系的主要方式是朝贡贸易,即少数民族入朝进贡土产,明廷回赐礼物。

(2)清朝设立了乌里雅苏台将军和科布多参赞大臣,掌管漠北、漠西蒙古的军政事务。

(3)清朝在新疆设立伊犁将军。

二、同西藏地区关系的加强

西藏地区在明朝称为乌思藏。明廷封授给当地的僧俗首领法王、王等称号,并设立了宣慰司、元帅府等机构,由藏族上层人士任职。从1727年起,清朝开始派遣驻藏大臣,代表中央与达赖、班禅共同管理西藏事务,对西藏的管辖明显加强。乾隆时期制定的"金瓶掣签"制度,体现了清朝政府对西藏宗教势力的管辖权。

三、"改土归流"和台湾府的设置

1. 大规模的改土归流

明朝在西南少数民族地区任用各族首领担任省以下的基层行政职务,称为土司。土司通常世袭其职,但必须经过中央批准,还要按时缴纳贡赋。后来在一些条件成熟的地区废止了土司制度,改由朝廷任命不世袭、有任期、可以调动的"流官",称为"改土归流"。

清雍正时,在西南大规模地推行改土归流措施,进而清查户口,丈量土地,统一征收赋税,建立城池学校。改土归流强化了中央在西南少数民族地区的统治,为当地经济发展和社会进步创造了条件。

2. 台湾府的设置

1683 年,康熙帝命大将施琅进取台湾,郑成功的孙子郑克塽战败投降,台湾纳入清朝版图。清朝设台湾府,隶属于福建省。台湾府的设置,加强了台湾同大陆的联系,促进了台湾的开发,巩固了祖国的海防。

四、清朝的疆域

清朝前期,我国的疆域西跨葱岭(今帕米尔高原),西北达巴尔喀什湖,北接西伯利亚,东北至黑龙江以北的外兴安岭和库页岛,东临太平洋,东南到台湾及其附属岛屿钓鱼岛、赤尾屿等,南包南海诸岛,成为亚洲最大的国家。

第二部分　课后习题详解

1. 清朝在维护国家统一和加强边疆管理方面有哪些重要贡献?

答:(1)收复台湾。1683 年,康熙帝命大将施琅进取台湾,郑成功的孙子郑克塽战败投降,台湾纳入清朝版图。清朝设台湾府,隶属于福建省。台湾府的设置,加强了台湾同大陆的联系,促进了台湾的开发,巩固了祖国的海防。

(2)粉碎噶尔丹分裂活动。17 世纪后期,漠西蒙古准噶尔部的首领噶尔丹势力强大,占据天山南北,又向东进攻漠北和漠南蒙古。1757 年,清军彻底击败准噶尔贵族割据势力,完全统一了蒙古各部。

(3)平定大小和卓的叛乱。居住在新疆天山南路的回部贵族大和卓和小和卓兄弟发动叛乱,乾隆帝派兵平定,取得了彻底胜利,清政府重新统一新疆地区。

(4)加强对西藏的管辖。清朝初年,顺治帝接见了西藏喇嘛教首领五世达赖,正式赐予“达赖喇嘛”的封号。后来,康熙帝又赐予另一个喇嘛教首领五世班禅以“班禅额尔德尼”的封号。清政府规定,以后历世达赖和班禅都必须经过中央政权册封。1727 年,清朝设置驻藏大臣,代表中央政府同达赖和班禅共同管理西藏。

(5)反击沙俄,签订《尼布楚条约》。1685 年、1686 年,康熙帝组织的两次雅克萨自卫反击沙俄的战争均获胜利,迫使沙俄政府同意通过谈判,解决边界问题。1689 年,中俄双方正式签订了第一个边界条约《尼布楚条约》。

2. 谈谈清朝的疆域。

答:清朝前期,我国的疆域西跨葱岭(今帕米尔高原),西北达巴尔喀什湖,北接西伯利亚,东北至黑龙江以北的外兴安岭和库页岛,东临太平洋,东南到台湾及其附属岛屿钓鱼岛、赤尾屿等,南包南海诸岛,成为亚洲最大的国家。清朝将内地划分为 18 省,各设巡抚为长官,每两省(个别地方为一省或三省)又设总督一名,相当于大军区长官。在北部和西部边疆,分设若干将军辖区和办事大臣辖区。中央专设理藩院掌管少数民族事务,地位与六部相等。在辽阔的疆土上,生活着汉、满、蒙、回、藏等 50 多个民族,各族人民共同促进了祖国的巩固和发展。

第三部分　典型习题详解

一、填空题

1. 清朝设置________管辖包括外兴安岭和库页岛在内的整个黑龙江流域。

2. 清朝在内外蒙古地区,均实行________,即盟旗制度。

3. 清朝设置________管辖包括巴尔喀什湖在内的整个新疆地区。

4. 明前期的蒙古三部是指兀良哈部、鞑靼部和________。

5. 清初在云贵等少数民族地区实行________,即把永久世袭的土官改为可以随时任免的流官。

【答案】

1. 黑龙江将军　2. 札萨克制　3. 伊犁将军　4. 瓦剌部　5. 改土归流

二、选择题

1. 清初的封明末大将为藩王，最后三藩叛乱，三藩是指(　　)。

A. 平西王吴三桂、靖南王耿精忠、平南王尚可喜

B. 平西王吴三桂、靖南王郑芝龙、平南王尚之信

C. 平西王郑芝龙、靖南王耿精忠、平南王尚之信

D. 平西王吴三桂、靖南王耿精忠、平南王尚之信

2. 清朝前期，我国民族关系的最主要特点是(　　)。

A. 通过册封少数民族首领来加强边疆地区的管辖

B. 西方殖民者联合挑起民族矛盾、支持分裂、叛乱活动

C. 中央开始设置专门管理少数民族事务的专职机构

D. 维护祖国统一、民族团结与反对外来侵略联系在一起

【答案】

1. D　2. D

第二十六章　新形势下的对外关系

第一部分　考点归纳

一、郑和下西洋

(1)背景:从 1405 年起,明成祖派遣宦官郑和率领船队 7 次远航海外,到 1433 年为止,访问了亚非 30 多个国家和地区,最远到达红海沿岸和非洲东海岸,史称“郑和下西洋”。

(2)目的:“耀兵异域,示中国富强”的政治目的。

(3)意义:郑和下西洋是中国历史上前所未有的主动外交,其规模之大、历时之久、航程之远,在世界航海史上也是空前的。郑和的船队掌握了许多复杂的远洋航行知识,具有很高的航行精确度,开辟了多条新的航海路线,比欧洲航海家的远洋航行早了半个多世纪。

二、戚继光抗倭

(1)背景:明朝中期,朝廷希望通过经济封锁的办法打击倭寇,严厉禁止海外贸易。结果东南各省的民间海上走私活动日益严重,走私者与日本海盗相勾结,反而加剧了倭寇的声势。

(2)过程:戚继光在浙江招募农民、矿工等组成一支新军,严加训练,时称“戚家军”。他还针对倭寇的作战特点,在阵法、兵器等方面进行创设和改进。经过近 10 年的战斗,东南沿海的倭寇基本肃清。

三、欧洲殖民者东来

(1)葡萄牙:16 世纪中叶,葡萄牙人以晾晒货物为名,贿赂明朝官员,在广东香山县境内的澳门登陆,长期盘踞不走。

(2)西班牙与荷兰:它们分别占据了台湾岛的北部和南部。明朝末年,荷兰击败西班牙,独占台湾。1661—1662 年,在东南沿海坚持抗清的南明将领郑成功跨海远征,经过激烈战斗,打败荷兰殖民者,收复了台湾。

四、清朝的对外关系

1.清与沙俄的接触

17 世纪前期,沙俄的势力已扩展到黑龙江流域,以雅克萨城为主要据点,四出劫掠。清军两次围攻雅克萨。1689 年,中俄两国代表签订了《尼布楚条约》。条约从法律上肯定了黑龙江、乌苏里江流域包括库页岛在内的广大地区都是中国领土。

2.清朝的对外贸易

清朝以闭关自守为主,尽可能控制贸易、隔绝交往。康熙时,指定广州等 4 座城市为对外通商口岸,乾隆时加以缩减,仅保留广州一处,并且规定由官府特许的"十三行"商人代为管理对外贸易一切事务。对清朝来说,闭关政策虽有一定的自卫作用,但无法真正消除来自西方的潜在威胁,反而妨碍了中西之间的正常了解和顺利对话,加深了隔阂和矛盾。

第二部分　课后习题详解

1.应当如何评价清朝的对外政策?

答:清朝对外政策大致分为四个历史时期:

(1)第一个时期,1840 年鸦片战争以前,闭关锁国,清朝与周边国家维持着长期的和平。闭关政策并不能削弱西方资本主义国家的力量,反而阻碍了自己的发展,使中国丧失了对外贸易的主动权,统治者愚昧无知,妄自尊大,隔断了中外科技文化的交流,阻碍了生产力的发展和社会的进步,拉大了中国与西方的差距,造成近代中国被动挨打的局面。

(2)第二个时期,19 世纪 40 至 50 年代,清朝缺乏主权观念,但增加了开眼看世界的意识。鸦片战争后,西方殖民者蜂拥而来,中国最初的反应主要从族类和文化两个层面对待西方的入侵,不是以是否损害国家的主权和民族的实际利益为对外交涉的目的,而是以是否见容于自身的传统和陈腐的体制为圭臬。

(3)第三个时期,19 世纪 60 至 80 年代,筹办洋务以自强,以夷制夷维持和局。19 世纪中期以来,清政府主要利用列强之间的矛盾,使其互相牵制。但是这种方式是以丧失国家利益为代价的,只不过是两害相权取其轻者而已,结果只能是一次次丧权辱国。

(4)第四个时期,19世纪90年代至20世纪初,图强变法失败,逐渐丧失抗拒外强的信心。中日甲午战争清政府战败,被迫签订《马关条约》。这既使中国人感到奇耻大辱,又刺激了中华民族的觉醒,同时引发了列强瓜分中国的狂潮,中华民族的生存受到严重威胁。康有为发起保国会,以恢复主权为目标。戊戌变法由于守旧势力远远超过维新势力以及其他种种原因而告失败,中国失去了19世纪最后一次主动变革、选择独立自主发展方向的机会。

2. 谈谈戚继光抗倭。

答:从元朝末年起,日本海盗经常在我国沿海骚扰,被称为倭寇。明朝中期,朝廷希望通过经济封锁的办法打击倭寇,严厉禁止海外贸易。结果东南各省的民间海上走私活动日益严重,走私者与日本海盗相勾结,反而加剧了倭寇的声势。倭寇频繁出没于东南沿海,烧杀抢掠,给当地人民的生命和财产安全造成巨大威胁。

明廷派遣大将戚继光等人抗倭。戚继光在浙江招募农民、矿工等组成一支新军,严加训练,时称"戚家军"。他还针对倭寇的作战特点,在阵法、兵器等方面进行创设和改进。戚家军屡战告捷,名闻天下。经过近10年的战斗,东南沿海的倭寇基本肃清。

第三部分 典型习题详解

一、填空题

1. 明朝________七次下西洋,这是世界航海史上的壮举。

2. 1689年,中俄签订________,主要内容是确定中俄东段的边界。

3. 清朝为垄断和控制对外贸易,于康熙五十九年(1720年)指定广东商人组织________,专营对外贸易。

【答案】

1. 郑和 2.《尼布楚条约》 3. 十三行

二、选择题

1. 明清之际,外国传教士以历算、地理和炮火知识作为传教的手段,主要是顺势利用当时中国的哪种思潮?( )

A. 程朱理学 B. 阳明心学 C. 经世致用之学 D. 考据学

2. 1662 年,荷兰殖民长官(　　)被迫在投降书上签字,终于结束了荷兰侵略者在台湾 38 年的殖民统治。

A. 查理　　B. 揆一　　C. 爱德华　　D. 彼得

【答案】

1. C　2. B

三、名词解释

《尼布楚条约》

答:《尼布楚条约》是指中俄间签订的第一个边境条约。雅克萨之战后,中俄议和。康熙二十八年,清朝代表索额图与俄国代表戈洛文在尼布楚签订此条约。条约内容以满、俄和拉丁文三种文字签订,条约从法律上肯定了黑龙江、乌苏里江流域包括库页岛在内的广大地区都是中国领土,清政府同意把贝加尔湖以东的尼布楚之地划归俄国。

四、简答题

简要分析郑和下西洋的主要背景及历史意义。

答:(1)郑和下西洋的主要背景为:

①宋元以来,海上贸易、海外交通大为发展,造船技术和航海技术大为提高,海外地理知识已日渐丰富。

②明朝永乐时国力雄厚,出于"耀兵异域,示中国富强"的政治目的而下西洋。

③下西洋也是为了发展海外贸易(朝贡贸易),让各国以朝贡的形势来中国经商。

(2)郑和下西洋的历史意义主要有:

①郑和下西洋是世界航海史上的壮举,它开始于 1405 年,比西方的地理大发现早了 80 多年;郑和船队规模浩大,是后来哥伦布、迪亚士、麦哲伦的航行无法比拟的;郑和下西洋打通了中国到东非的航路,是地理大发现以前人类航海史上的伟大成就。

②郑和七下西洋,前后 28 年,经历亚非 30 多个国家和地区,最远到达红海的海口和非洲东海岸,并越过了赤道,扩大了中国同亚非各国的和平交往,发展了中国同亚非各国的经济文化交流,提高了明代中国的国际地位。

③拓宽了中国人的眼界。随郑和下西洋的马欢著《瀛涯胜览》、费信著《星槎胜览》、巩珍著《西洋蕃国志》,记载旅途见闻,丰富了中国人的海外地理知识。

第二十七章　经济的繁荣与潜在的问题

第一部分　考点归纳

一、赋役制度的改革

1.明代的一条鞭法

一条鞭法是明朝后期内阁首辅张居正主持推行的。规定农民不用再为官府服役，改交役银。役银的多少根据每户人丁、土地两项标准来决定，算出具体数目，再将该户的田赋也折算成银两，一并征收。这项改革合并了农民负担的名目，摊派更加合理，减轻了人身束缚。统一征银还有利于商品经济的发展。

2.清代的摊丁入亩

清朝在一条鞭法的基础上，将役银中按人丁摊派的部分即“丁银”加以固定，并最终分摊进田赋。1712年，康熙帝宣布以后每年的丁银都以此前一年的全国人丁总数为标准征收，此外多生人丁，“永不加赋”。雍正时，将这笔数额固定的丁银完全分摊到田赋当中，这就是“摊丁入亩”。

二、农业

明清农业发展最突出的表现，是农作物品种的增加和农民多种经营方式的推广。高产粮食作物玉米、红薯在明朝中叶由海外传入，推动了农业生产的商品化。经济作物品种繁多，种植广泛，产品大量流入市场。农民在种植经济作物时还进行了初级加工，或兼营相关副业，以获取更多的收入。

三、手工业

丝织业改进了大型织机，提升了织品档次。冶铸业采用功效更好的活塞式木风箱，并开始使用焦炭作为燃料。印刷业中利用套印技术，可以印出非常精美的彩色印刷品。开设工场，使用自由雇佣劳动进行较大规模的生产。

四、商业和城市

商品交易普遍使用白银作为货币，促进了长途和大额贸易的发展，也有利于商业资本的集聚。在工商业发达地区和交通要冲，兴起一大批以经济功能为主的工商业市镇，商业繁荣，人口密集，成为地区贸易网络的核心。

五、潜在的问题

1. 从民间基础分析

中国传统的小农经济以男耕女织、自给自足为主要特点。它严重限制了商品生产的扩大，工商业很难得到充分的发展。

2. 从政策角度分析

日益僵化的专制集权统治严重阻碍了新经济因素的成长。海禁和闭关政策极大地约束了民间海外贸易的扩展。

3. 从思想体系分析

儒家思想提倡重义轻利，鄙视工商业，忽视科学技术，也不利于社会的进步和转型。

【真题回顾】1842—1846 年，中国茶的出口增长了一倍，丝的出口增长近 5 倍。1846—1856 年，茶的出口再增长 55%，丝的出口又增 3 倍多。除传统的丝茶贸易之外，驼毛、羊皮、羊毛、牛皮、猪鬃、锡、豆类、原棉等新品种不断扩大输出，特别是锡和猪鬃，由于英国的需求增加，成为对外贸易的抢手货。这说明(　　)。

A. 通商口岸增加　　B. 逆差反转

C. 农产品质量提升　　D. 中国经济结构变动

【答案】D

第二部分　课后习题详解

1. 怎样评价明清经济的历史地位？

答：明清两代作为前近代时期，既是中国古代的最后王朝，又是我国走向近代社会的开始。

(1)经济上:①16、17 世纪间,明代的中国曾是世界上手工业与经济最繁荣的国家之一。明代初期推行的海禁政策,使商业受到一定的压制,但明穆宗隆庆元年(1567 年)废除海禁后,海外贸易重新活跃起来。②清朝经济发达,人口大增。乾隆时期全国人口数已达三亿,对粮食作物的需求大增。清朝采取开垦荒地、移民边区及推广新作物等措施以提高粮食生产量。清代的中国从经济总量上看是富国,但是生产方式还是自给自足的自然经济,落后于西方的资本主义经济,还在使用手工劳动,落后于西方的大机器生产。

(2)军事上:①明朝军工业极其发达,明朝水师曾经是世界第一的海军,威名远扬的郑和船队实际上只是强大的明帝国海军的一支海上机动舰队而已。②从 1644 年清军入关至 1911 年清帝退位时,清朝的军事力量主要有满族的八旗兵、汉族的绿营和清末袁世凯新军,同时又有洋务运动时的北洋水师等部队。军队总数庞大,但是武器基本是冷武器,操练方式落后。

2. 谈谈明清赋役制度的改革。

答:(1)明朝“一条鞭法”。

背景:明朝中后期土地兼并严重;农民赋役负担沉重,农民被迫逃亡或起义;政府财政困难,出现财政危机;商品经济发展活跃。

内容:规定农民不用再为官府服役,改交役银。役银的多少根据每户人丁、土地两项标准来决定,算出具体数目,再将该户的田赋也折算成银两,一并征收。

评价:一条鞭法上承唐代两税法,下启清代“摊丁入亩”,是我国赋役史上的一次重大改革;统一赋役法,简化了赋税制度,在一定程度上抑制了豪强漏税;赋役征银,既是商品经济发展的必然产物,又反过来促进商品经济的进一步发展,有利于资本主义萌芽的成长;以银代役,对农民的人身控制相对松弛,客观上有利于生产的发展;政府的收入在一定程度上有所增加;但它触动了一些大官僚、大地主的利益,遭到他们的强烈反对,加之明朝中后期政治日益腐败,张居正死后,一条鞭法贯彻不力,弊端百出。

(2)清朝:①圣世滋丁,永不加赋

背景:清初沿用明朝一条鞭法征派赋役。因农民的丁银负担依然沉重,农民不堪负担,被迫逃亡或起义,严重威胁着清朝的统治。

内容:1712 年,清政府规定以康熙五十年(1711 年)的人丁数,作为征收丁税的固定丁数,以后“滋生人丁,永不加赋”。

②摊丁入亩

背景:“永不加赋”与原来的加赋相比,有一定积极意义,但并没能防止农民的逃亡以及解决赋税收入不稳定的问题,因为它并没有免除丁银,地主豪富往往勾结官府,使丁银负担大部分落在贫困农民身上,清政府不得不进一步变通丁银的征收法。

内容:雍正帝时,把丁税平均摊入田赋中,征收统一的地丁银。

评价:"永不加赋"和地丁合一是明代一条鞭法的继续和发展;废除人头税,封建国家对农民的人身控制进一步松弛,隐蔽人口的现象逐渐减少,对我国人口的增长和社会经济的发展有重要意义。

第三部分　典型习题详解

一、填空题

1. 一条鞭法是明朝后期内阁首辅________主持推行的。

2. 清朝在一条鞭法的基础上,将役银中按人丁摊派的部分即"________"加以固定,并最终分摊进田赋。

【答案】

1. 张居正　2. 丁银

二、选择题

1. 下列说法与商品经济的发展没有直接关系的是(　　)。

A. 战国时期新兴城市的兴起　　B. 五代宋元时期风俗画的出现

C. 明朝资本主义萌芽的出现　　D. 汉唐以来人头税被废除

2. 关于制瓷业发展的表述正确的是(　　)。

A. 景德镇制瓷业规模在明清时不断扩大

B. 景德镇在南宋时已成为著名的瓷都

C. 唐三彩由黄、绿、红三种颜色组成

D. 越州在唐代是著名的白瓷产地

3. 明清时期,经济领域里的"凡置产业,自当以田地为主"的现象产生的突出后果是(　　)。

A. 影响手工业扩大再生产的资金

B. 农民束缚在土地上,使自由劳动力缺乏

C. 农民购买力低,缩小商品销售市场

D. 促进农业经济的发展

4. 明代后期，资本主义萌芽已在某些地方某些手工业中出现，以(　　)最为明显。

A. 苏州丝织业　　B. 苏州棉织业　　C. 杭州丝织业　　D. 海南棉织业

5. 下列关于地丁银的解释最恰当的是(　　)。

A. 取消人头税，只征土地税

B. 把丁税平均摊入田赋中，征收统一赋税

C. 田赋和丁税均征收白银

D. 按人口和土地的多少统一征收白银

【答案】

1. B　2. A　3. A　4. A　5. B

三、简答题

王安石变法与张居正改革之比较。

答：(1)王安石变法与张居正改革的相同点：

①两次变法都是针对当时的社会危机进行的，都是统治阶级实行的自上而下的改革，都希望在不触及君主专制制度的前提下通过改革扭转局面，挽救王朝统治，两次变法在当时都对社会起到了推动作用。

②在措施上，两次改革都进行了理财、赋役的改革。王安石推行均输法、免役法，试图减轻农民的赋役负担；张居正改革赋役的征收解运；王安石实行方田均税法，张居正清丈土地，推行一条鞭法；二人都重视水利建设。

(2)王安石变法与张居正改革的不同点：

①目的不同。王安石变法的目的是富国强兵，改变北宋积贫积弱的局面。在农业上实行青苗法，在军事上实行保甲法、保马法、将兵法，设立军器监，改革科举和学校制度，为推行新法培养人才。张居正变法是为了缓和矛盾，提高机关办事效率，挽救明朝统治，因此他整顿了吏治，实行考成法；整顿边防，封蒙古俺答汗为顺义王，设立茶马互市；调抗倭名将戚继光镇守蓟门，用李成梁镇守辽东。当时土地兼并严重，商品经济迅速发展，张居正推出一条鞭法，解决"役"的征收问题。一条鞭法有利于减轻农民的负担，把力役改为折银，使农民摆脱了一部分国家的劳役束缚，人身依附关系有所松弛。赋役一概征银，既反映了商品经济的发展，又促进了商品经济的发展。

②结局不同。王安石变法由于受到强烈反对加之操之过急，出现了扰民现象，在元佑更化时被废除。张居正的个人遭遇虽然具有悲剧色彩，改革也被扼杀，但一条鞭法继续推行，并对清朝产生了很大影响。

第二十八章　明清(鸦片战争以前)的文化

第一部分　考点归纳

一、思想界的变化

1.陆王心学

明朝中期,王守仁(号阳明)继承了陆九渊"心即理"的观点,并进一步提出"致良知"。"陆王心学"强调自我的主动作用,激励人们奋发立志;而以自己的内心为准则,又隐含着一定的平等和叛逆色彩。

2.李贽

明朝后期思想家,提倡个性自由,蔑视权威和教条,甚至否定传统的伦理道德标准,在社会上引起了很大震动。

3.黄宗羲

明末清初思想家,黄宗羲激烈抨击君主专制制度,称专制帝王为"天下之大害"。他还反对重农抑商观念,提出"工商皆本"的口号。

4. 顾炎武

明末清初思想家,针对明朝八股取士造成的空疏学风,倡导将学术研究与现实相结合,解决国计民生的重大问题。

二、大型典籍的编纂

1.《永乐大典》

明成祖时,编成了中国古代最大的类书《永乐大典》。类书是古代起工具书作用的资料汇编,将不同书籍上的材料加以摘录,按照内容分门别类编排起来,便于学者查找。

2.《四库全书》

清乾隆后期，编成了中国古代最大的丛书《四库全书》。丛书是多部整体书籍的汇编。根据各书内容，分属经、史、子、集四大部，每部下面又分若干类。它对中国古代文献进行了一次系统和全面的整理，但在编纂时也按照清政府的政治标准销毁了不少“禁书”。

三、小说与戏曲

施耐庵著《水浒传》，罗贯中著《三国志通俗演义》。明朝中期，吴承恩根据民间流传的唐僧取经的故事创作了《西游记》。明后期冯梦龙编辑、加工的《喻世明言》《警世通言》《醒世恒言》，以及凌濛初编著的《初刻拍案惊奇》《二刻拍案惊奇》，合称“三言二拍”。曹雪芹创作的长篇小说《红楼梦》，是我国古典现实主义文学的高峰。蒲松龄著《聊斋志异》，吴敬梓著长篇讽刺小说《儒林外史》。

明朝汤显祖的《牡丹亭》、清朝孔尚任的《桃花扇》和洪昇的《长生殿》是广受欢迎的戏曲。

【真题回顾】顾炎武说：“君子为学，以明道也，以救世也。”他指斥明末心学的弊害是“不习六艺之文，不考百王之典，不综当代之务”。由此可见顾炎武(　　)。

A. 倡导把学术研究与现实相结合　　B. 批判宋明理学“存天理，灭人欲”

C. 总结了天下治乱兴衰的历史教训　D. 肯定人们物质欲望的合理性

【答案】A

【真题回顾】清代雍正二年(1724)，山西学政刘于义奏称：“山右(今山西)积习，重利之念，甚于重名。子弟俊秀者多入贸易一途，至中材以下，方使之读书应试。”这表明(　　)。

A. 社会等级意识不存　　　　　B. 重农抑商政策被抛弃

C. 传统观念因追求财富而变化　D. 工商皆本被认可

【答案】C

四、科技

1. 医学

医药学家李时珍历时 30 余年，写成 190 万字的《本草纲目》，是古代中药学的集大成著作。

2.农业

徐光启著《农政全书》,系统地总结了此前历代的农业政策、制度以及农业生产技术,是一部实用性很强的农学典籍。书中还介绍了欧洲的水利技术和农业工具。

宋应星著《天工开物》,总结当时的农业、手工业生产技术,对所载各项技术作出详细说明,并且附有插图。它被誉为“中国17世纪的工艺百科全书”。

3.地理

古代著名的探险家和地理学家徐宏祖(号霞客)著《徐霞客游记》。书中对石灰岩溶蚀地貌的观察和记述,早于欧洲约200年。

第二部分　课后习题详解

1.如何评价明清思想界的新变化?

答:(1)背景:①经济因素:明清时期,商品经济发展,资本主义萌芽。工商业者阶层队伍扩大,他们要求反对封建束缚,发展商品经济。②政治因素:统治者强化专制主义中央集权统治,专制统治走向腐化。③思想因素:“程朱理学”日益僵化,早期民主启蒙思想家要求挣脱思想束缚,实现个性的自由发展;西学东渐局面的出现,大大开阔了人们的视野。

(2)思想界的新变化:王阳明对南宋陆九渊的思想进行发挥,形成“陆王心学”,与“程朱理学”分庭抗礼,强调自我的主动作用,激励人们奋发立志;而以自己的内心为准则,又隐含着一定的平等和叛逆色彩。在此基础上,明朝后期以李贽为代表的一些思想家提倡个性自由,蔑视权威和教条,甚至否定传统的伦理道德标准,在社会上引起了很大震动。明末清初,黄宗羲激烈抨击君主专制制度,还反对重农抑商观念,提出“工商皆本”的口号。顾炎武针对明朝八股取士造成的空疏学风,倡导将学术研究与现实相结合,解决国计民生的重大问题。

(3)影响:这些思想为传统儒学注入了崭新的时代气息,也在一定意义上反映了资本主义萌芽时代的要求,具有解放思想的历史进步性。

2.为什么说明清是我国古典科学技术的总结阶段?

答:之所以说明清是我国古典科学技术的总结阶段,是因为明朝后期出现了几部科技巨著。医药学家李时珍历时30余年,写成190万字的《本草纲目》,记载药物近1,900种、方剂1万多个,是古代中药学的集大成著作。徐光启著《农政全书》,系统地总结了此前历代的农业政策、制度以及农业生产技术,是一部实用性很强的农学典籍。书中还介绍了欧洲的水利技术和农业工具。宋应星著《天工开物》,总结当时的农业、手工业生产技术,对所载各项技术作出详细说明,并且附有插图,被誉为"中国 17 世纪的工艺百科全书"。徐霞客周游全国许多地方,深入考察各地的地理、地质状况,写成《徐霞客游记》。书中对石灰岩溶蚀地貌的观察和记述,早于欧洲约 200 年。清乾隆后期,编成了中国古代最大的丛书《四库全书》。其中的"子",包括思想、宗教、科技、艺术等方面的著作,对中国古代相关书籍进行了系统梳理。

3. 谈谈明清小说。

答:小说创作是明清文学最重要的成就。其数量繁多,题材多样,表现手法丰富,在反映社会生活的深度和广度、人物性格的塑造、细节的描绘、语言的运用等各个方面,都大大超过了前代。

(1)元末明初,出现了我国最早的两部长篇白话小说。施耐庵的《水浒传》和罗贯中的《三国志通俗演义》都达到了很高的艺术水准。它们采用的章回体叙事方式,也成为明清长篇白话小说的固定体裁。

(2)明朝中期,吴承恩创作了《西游记》,这是一部具有浓郁浪漫主义气息的长篇神话小说。明朝后期,冯梦龙编辑、加工的《喻世明言》《警世通言》《醒世恒言》,以及凌濛初编著的《初刻拍案惊奇》《二刻拍案惊奇》白话短篇小说,合称"三言二拍"。

(3)清代小说在描摹人情世故方面有更深刻的表现。蒲松龄撰写的《聊斋志异》是一部叙述鬼怪故事的文言短篇小说集。吴敬梓的《儒林外史》,辛辣地批判了科举制度的弊端和官僚政治的腐败黑暗。曹雪芹创作的长篇小说《红楼梦》,全书结构宏大严谨,人物栩栩如生,文字生动优美,写作技巧纯熟,既是我国古典现实主义文学的高峰,也是享誉世界的名著。

第三部分　典型习题详解

一、填空题

1. 明朝中期,________继承了陆九渊"心即理"的观点,并进一步提出"致良知"。

2. ________一书中对石灰岩溶蚀地貌的观察和记述,早于欧洲约 200 年。

【答案】

1. 王守仁　2.《徐霞客游记》

二、选择题

1. 明代宋濂在《銮坡集》中指出:"自贡举法行,学者知以摘经拟题为志,其最所切者,唯四子一经之笺,是钻是窥。余则漫不加省,与之交谈,两目瞪然视,舌木强不能对。"造成这种现象的主要原因是(　　)。

A. 焚书坑儒　　　　B. 罢黜百家,独尊儒术

C. 实行八股取士　　　　D. 大兴文字狱

2. 黄宗羲、顾炎武、王夫之三位思想家阅历的相同之处表现在(　　)。

①生活在明末清初　　　　②参加过抗清斗争

③学术活动集中在哲学领域　　　　④受过文字狱的迫害

A. ①②④　　B. ②③④　　C. ①②　　D. ③④

3.《四库全书》编成后,纪昀等又写成(　　)200卷,把每本书的渊源、版本、内容做提纲性的介绍,是一部重要的学著作。

A.《四库全书提要》　　　　B.《四库全书总目》

C.《四库全书总目提要》　　　　D.《四库全书摘要》

【答案】

1. C　2. C　3. C

第二十九章　鸦片战争

第一部分　考点归纳

一、鸦片战争前的中英贸易

中国的对外贸易由来已久，两宋时期对外贸易税收成为政府重要的财政来源。1723年(雍正元年)，因与罗马教廷发生礼仪之争，雍正帝不许外国传教士进入中国内地传教，并限制贸易。到1757年(乾隆二十二年)，乾隆帝下令除广州十三行外，停止厦门、宁波等港口的西洋贸易，这就是清朝的“一口通商”政策。在此政策下，中国始终处于贸易顺差状态。

随着英国工业革命的开展，海外市场对英国来说越来越重要。英国人认为，中国对通商的限制不利于英国商业的发展。

1792年(乾隆五十七年)，英国派马戛尔尼为全权特使来华，当英方提出中英平等并且扩大贸易时，乾隆帝拒绝了英国的贸易要求。自马戛尔尼访华之后不到半个世纪，英国不法商人找到了用鸦片抵消贸易失衡的办法。英国东印度公司成立之后，开始向中国走私鸦片。道光时期，鸦片输入增长最快。

鸦片贸易使白银大量外流，改变了中国对外贸易的长期优势。鸦片泛滥给清政府的统治造成了严重危机。

二、虎门销烟

鸦片贸易发展到道光年间，已不再仅仅是一个贸易问题，而是关系到中华民族存亡的大灾难。1839年，林则徐于广东禁烟时，派人明察暗访，强迫外国鸦片商人交出鸦片，并将没收的鸦片于1839年6月3日在虎门销毁，史称“虎门销烟”。虎门销烟使中英关系陷入极度紧张状态，成为英国入侵中国的借口。

三、鸦片战争的经过

1.鸦片战争简介

英国商人不甘心放弃鸦片贸易,他们一直在借机寻衅。1840 年,英国悍然发动了侵华战争。1841 年 8 月,英军先后攻陷厦门、定海、镇海、宁波等地。1842 年 8 月,英军进逼南京,清朝政府求和,并于 1842 年签订了中国近代史上第一个不平等条约《南京条约》。

2.《广州和约》

1841 年 5 月,英军占领广州城外的军事据点,开始了对广州孤城的围困。5 月 27 日,双方签订《广州和约》,规定:(1)协议签订后六天内,钦差大臣联同从外省调来广东的军队必须离开广州,退到离广州六十英里以外的地方;(2)从 27 日起,一周内中国人必须向英方赔款 600 万元,当天日落前须先付 100 万元;(3)为使中方执行上述两条,英军留驻广东各防地,其中包括虎门炮台。

虽然签订了《广州和约》,然而英国方面对结果根本不满意,1841 年 8 月继续扩大战事。

3.《南京条约》

1842 年 8 月 29 日,双方在英国军舰上签订了中国近代史上第一个不平等条约《南京条约》。

《南京条约》的内容:

(1)赔款 2,100 万圆;

(2)割让香港岛(丧失领土主权);

(3)开放广州、厦门、福州、宁波、上海为通商口岸(丧失贸易主权);

(4)海关税收标准详细载明于条约,非经两国同意不能修改,即所谓协定关税(丧失关税主权);

(5)在中国的英国人只受英国法律和英国法庭的约束,这就是治外法权(丧失治外法权);

(6)中英官吏平等往来。

《南京条约》的影响:

《南京条约》及其附件对中国后来的发展变化具有决定性的意义。它一方面为外国资本正式进入中国开通了道路,成为外国资本奴役中国的开端;另一方面,该条约彻底打碎了中国长期以来闭关锁国的状态,用强力的手段迫使中国不得不卷入世界资本主义体系，中国开始了近代化的艰难历程。资本主义的因素在中国开始成长，但这种成长并不是通过中国国内的资本主义独立发展实现的，而是通过外国殖民者对中国的强行奴役达成的，从此中国开始沦为半殖民地半封建社会，中国的社会性质、革命任务、社会主要矛盾都发生了变化。

四、第二次鸦片战争

1.第二次鸦片战争简介

随着英国等资本主义国家工业革命的深入开展，其对海外市场的需求越来越大，而自给自足的自然经济使中国市场始终无法满足资本主义快速发展的需求。1856年，英国联络美法两国，向清政府提出修订条约、扩大侵略权益的要求，遭到拒绝后，决定采用武力解决问题，第二次鸦片战争爆发。

2.《天津条约》

1858年，清政府被迫分别与英法两国签订《天津条约》。条约规定：

(1)允许外国公使进驻北京，增开沿海沿江十处通商口岸；

(2)赔偿英法巨额白银(对英赔款400万两，对法赔款200万两)；

(3)允许外国人到中国内地游历、经商和传教；

(4)外国军舰和商船可在长江各口岸通航等。

不久，英法两国借口不满清政府指定的换约路线，再起冲突。英法联军攻陷天津、北京，洗劫并火烧圆明园，咸丰帝逃往热河。

3.《北京条约》

1860年，清政府又被迫与英法两国分别签订《北京条约》。条约规定：

(1)承认《天津条约》有效；

(2)增开天津为商埠；

(3)割九龙司地方一区给英国；

(4)对英法赔款增至800万两白银。

美俄两国也趁火打劫，强迫清政府与它们签订不平等条约。特别是沙皇俄国，通过《瑷珲条约》《北京条约》等，占领了中国144万多平方公里的领土。

4.第二次鸦片战争的影响

第二次鸦片战争是第一次鸦片战争的继续，使中国丧失大片领土，主权受到更严重的侵害。中国半殖民地半封建社会程度进一步加深。

第二部分　课后习题详解

1.结合《南京条约》及其附件内容,谈谈如何理解第一次鸦片战争标志着中国近代史的开端。

答:《南京条约》的主要内容有:第一,赔款 2,100 万元;第二,割让香港岛;第三,开放广州、厦门、福州、宁波、上海为通商口岸;第四,海关税收标准详细载明于条约,非经两国同意不能修改,即所谓协定关税;第五,在中国的英国人只受英国法律和英国法庭的约束,这就是治外法权;第六,中英官吏平等往来。《南京条约》的附件有《虎门条约》和《五口通商章程》。

理解:《南京条约》及其附件对中国后来的发展变化具有决定性的意义。

(1)第一次鸦片战争使中国的社会性质发生了根本性变化。割让香港岛使中国的主权遭到破坏;协定关税破坏了中国的关税主权;治外法权破坏了中国的司法主权;片面最惠国待遇为列强广泛地掠夺中国提供了方便。这样,中国就从一个独立的主权国家开始沦为一个遭受外国侵略者奴役的半殖民地半封建社会。

(2)中国自给自足的自然经济开始解体。战前,中国是一个以自然经济为基础的封建国家,自给自足。战后,通商口岸增加,关税主权丧失,外国的廉价商品源源不断地涌入中国,中国日益成为外国资本主义的商品市场和原料供给地。

(3)中国的社会阶级结构和主要矛盾开始发生变化。战前,中国基本上只有两大对立阶级:农民阶级和地主阶级。战后,出现了一批买办和买办商人。在外国企业中出现了第一批产业工人。中国社会的主要矛盾,除原有的封建主义和人民大众的矛盾外,又出现了帝国主义和中华民族的矛盾。中国的革命进入了一个以反帝反封建为主要任务的新的历史时期。

可见,第一次鸦片战争之后,中国开始沦为半殖民地半封建社会,中国的社会性质、革命任务、社会主要矛盾都发生了变化。因此我们把第一次鸦片战争作为中国近代史的开端。

2.有人说,如果没有林则徐的虎门销烟,第一次鸦片战争就不会爆发,请谈谈你的看法。

答:这种看法是片面的。19 世纪上半期,英国资本主义迅速发展,急需开辟更大的商品销售市场和原料产地。亚洲面积最大、人口最多的中国成为它的理想目标。但鸦片战争前,中国主要是以农业与家庭手工业相结合的自给自足的小农经济为基础,商品需求量少,且实行闭关锁国的政策,这就使得英国始终处于贸易逆差状态。为了输出国内商品，英国势必会动用武力打开中国的大门。因此，虎门销烟只是为英国发动战争提供了借口，若没有虎门销烟，英国也会找其他借口发动战争。

第三部分　典型习题详解

一、填空题

1. 19 世纪中叶，为了扭转________，英国对华走私鸦片。

2. 1842 年，中英两国签订中国近代史上第一个不平等条约——《南京条约》。其中规定：割让________给英国；赔款 2，100 万银圆；开放 5 处通商口岸；中国须同英国商定关税等。

3. ________和《五口通商章程》是《南京条约》的附件，英国从中取得了“领事裁判权”“片面最惠国待遇”和在通商口岸租赁土地房屋居留等特权。

4. 第一次鸦片战争后，美国和法国分别强迫清政府签订________和《黄埔条约》。

5. 鸦片战争前中国封建社会的主要矛盾是________。

6. 1858 年清政府与英、法分别签订了________，规定外国人可以到中国内地游历、经商、传教；外国军舰和商船可以到长江各口岸通航等。

7. 1860 年，清政府与英法两国分别签订《北京条约》，规定：承认《天津条约》有效；增开________为商埠；割九龙司地方一区给英国。

8. 英国通过________（条约）割占了中国的九龙司地方一区。

9. 《天津条约》开放的通商口岸中，位于我国最北和最南的城市分别是________、琼州。

【答案】

1. 贸易逆差　2. 香港岛　3.《虎门条约》　4.《望厦条约》　5. 地主阶级和农民阶级的矛盾　6.《天津条约》　7. 天津　8.《北京条约》　9. 营口

二、选择题

1. 中国近代史以鸦片战争为开端，主要是因为（　　）。

A. 中国第一次被西方国家打败　　B. 长期以来的闭关锁国状况首次被打破

C. 社会性质开始发生根本变化　　D. 民族矛盾取代阶级矛盾

2. 英国发动鸦片战争的主要目的是（　　）。

A. 林则徐禁烟运动损害了英国的利益，对中国实施报复

B. 争取外交礼仪平等

C. 保护鸦片的正常贸易

D. 打开中国商品市场

3. 鸦片战争后中国的关税主权受到破坏，主要表现在(　　)。

A. 英国直接决定中国的关税税率　　B. 中国需要同外国协定关税

C. 海关税务司由外国人掌控　　D. 中国必须实行关税低税率

4. 鸦片战争爆发之前，中国的封建经济呈现出的特征是(　　)。

A. 资本主义萌芽迅速发展　　B. 商品经济已有相当水平

C. 落后保守的自然经济　　D. 对世界市场已经有相当的依赖性

5. 清朝中叶后白银和铜钱的比例已经发生了巨大的变化，银元与铜钱的兑换比例在 1800 年是 1∶1070，而到了 1840 年，则是 1∶1644。这说明(　　)。

A. 随着社会经济的发展，白银取代铜钱成为主要流通货币

B. 鸦片的大量输入导致白银外流，导致银贵钱贱现象

C. 随着国内生产水平的提高，铜开始贬值

D. 中国出现了通货膨胀，社会危机加深

6. 鸦片战争中，林则徐被革职查办反映的问题是(　　)。

A. 道光帝对林则徐不信任　　B. 英国侵略者向清政府施加压力

C. 林则徐禁烟侵害了一些人的利益　　D. 清朝的统治已经极为腐朽

7. 从鸦片战争的过程和结局可以看出，(　　)是决定战争胜败的关键。

A. 战争的性质　　B. 军队的装备

C. 国家的实力和军事策略　　D. 战争的国际环境

8. 鸦片战争以前的中英贸易中，中国处于出超地位的根本原因在于(　　)。

A. 中国的茶叶、生丝、药材等商品有强大的竞争力

B. 中国经济比英国发达

C. 中国自给自足的自然经济具有很强的稳定性

D. 中国实行“闭关锁国”的政策

9. 林则徐禁烟初期得到清政府支持的原因是(　　)。

A. 鸦片输入对中国经济产生了消极影响

B. 吸食鸦片使中国军队战斗力下降

C. 英国的鸦片贸易是非法的

D. 鸦片贸易危及清政府的统治

10. 从某种角度说，鸦片战争是不可避免的，这个角度是指（　　）。

A. 英国资本主义奉行殖民扩张政策

B. 清政府的“闭关自守”政策迟早需要打破

C. 中国落后就要挨打

D. 林则徐的销烟损害了英国的利益

11. 清政府在鸦片战争中战败的主要原因是（　　）。

A. 阶级矛盾尖锐，各地起义不断

B. 清政府的腐朽统治使得国家实力薄弱

C. 英军在广东没有受到有效的抵抗

D. 军队完全没有了战斗力

【答案】

1. C　2. D　3. B　4. C　5. B　6. D　7. C　8. C　9. D　10. A　11. B

三、简答题

简述第一次鸦片战争对中国自然经济的影响。

答：鸦片战争前，中国封建社会中的资本主义虽有发展，但还是以自给自足的自然经济为主导。鸦片战争后，资本主义国家经济势力的侵入，破坏了中国自给自足的经济基础，中国自然经济开始逐渐解体，刺激了中国商品经济的发展。中国渐渐被卷入世界殖民主义体系，成为世界资本主义的附庸。

第三十章 太平天国运动

第一部分 考点归纳

一、拜上帝会

拜上帝会又称拜上帝教，是清代洪秀全等人创立的宗教形式的农民斗争组织。1843 年，洪秀全从《劝世良言》中吸取一些基督教教义，与冯云山、洪仁玕在广东花县创立拜上帝会。在整个太平天国时期，他们都以拜上帝会为思想武器，进行宣传组织工作。后随太平天国失败而消亡。

二、定都天京

1. 金田起义

1850 年 6 月，广西许多县发生农民骚动或暴动，拜上帝会的主要活动区域紫荆山一带也极不安宁。1850 年 11 月，他们在金田村建立军营，按军事编制建立了一支队伍。经过一番周密的部署和整编，1851 年 1 月 11 日，洪秀全在金田村率众起义，建号太平天国。3 月，洪秀全自称天王。在此后的几个月里，太平军与清军开始发生直接冲突，并接连取得几个战役的胜利。

2. 定都天京

1853 年 3 月，太平军占领南京，将其定为都城，并改名为天京。太平天国定都之后不久，便颁布《天朝田亩制度》。

3. 天朝田亩制度

《天朝田亩制度》是太平天国颁发的一部纲领性文件，是洪秀全等人根据《原道救世歌》《原道醒世训》等著作中阐述的平等思想而提出来的。他们希望通过这样的方案，建立“有田同耕，有饭同食，有衣同穿，有钱同使，无处不均匀，无人不饱暖”

的理想社会。

《天朝田亩制度》反映了农民要求获得土地的强烈愿望，是几千年来农民反封建斗争的思想结晶。但是它体现的绝对平均主义思想，严重脱离实际，根本无法实现。

三、天京变乱

天京变乱，是1856年太平天国领导集团之间发生的一次公开的分裂。定都天京以后，太平天国主要领导人之间嫌隙日生，杨秀清、韦昌辉、石达开等各自结成势力集团，进行争权夺利的斗争。最终杨秀清、韦昌辉身死，石达开分军出走。天京变乱使太平军遭受了无法弥补的重大损失，太平天国运动由此出现从盛到衰的根本转折。

四、天京陷落

1.《资政新篇》

洪仁玕撰写，主要内容是向西方学习，以法治国，官吏由公众选举；发展工商业，奖励技术发明；开设新式学堂等。《资政新篇》经洪秀全批准后，作为官方的文书正式颁行，是太平天国后期的重要文献。

《资政新篇》具有鲜明的资本主义色彩，是近代中国的先进人士最早提出的发展资本主义的近代化纲领，集中反映了当时思想先进的中国人向西方寻找真理和探索救国救民道路的迫切愿望。但由于农民阶级自身的局限性以及没有付诸实施的客观环境和条件，《资政新篇》对太平天国运动的发展未产生显著作用。

2.运动失败

第二次鸦片战争后，西方列强公开支持清政府镇压太平天国，于是在中外势力的联合镇压下，苏州、杭州相继失守。1864年7月，天京也被曾国藩的湘军攻陷。长达14年与清政府南北对峙、纵横南方18个省区的太平天国运动就此失败。

第二部分　课后习题详解

1.谈谈太平天国运动与以往农民起义的不同在哪里？

答：(1)时代不同。以往的农民运动发生在封建社会里，而太平天国发生在半殖民地半封建社会里。

(2)性质不同。一般农民运动是单纯的反封建性质,而太平天国既反封建又反侵略,带有双重性质。

(3)提出了自己的政治纲领。与以往的农民起义不同的是,太平天国提出了第一个带有资本主义色彩的改革方案《资政新篇》。

(4)起义形式不同。过去的起义也有利用宗教的,但大多数是中国自身的宗教,而太平天国利用的是外来宗教,具有一定的时代特色。

(5)起义爆发矛盾的时间点不同。以往的起义一开始在面对强大的敌人时,内部一般很少出现矛盾。只有在国家安定后,才会出现内部矛盾。但是太平天国在四处受敌的环境下,却还爆发了内讧,这是少有的。

(6)起义失败原因不同。太平天国运动的失败是中外势力联合镇压的结果。

2.评价《天朝田亩制度》的历史进步性和局限性。

答:(1)进步性:第一,《天朝田亩制度》从根本上否定了封建社会的基础,即封建地主土地所有制,反映了农民要求获得土地的强烈愿望,是几千年来农民反封建斗争的思想结晶,具有进步意义。第二,它从各方面冲击了封建礼教和纲纪。

(2)局限性:第一,空想性。首先,平分土地在当时的社会无法实现,只是小生产者的一种迫切愿望;其次,绝对平均分配的制度违背小生产者的阶级本性,无法实现,也无法调动其积极性;再次,社会关系上的人人平等,随着太平天国等级制度的建立也成为泡影。最后,由于当时的战争环境,这个制度根本无法实施。第二,落后性。此纲领是把小农自然经济作为理想化目标,实际上并未超越封建主义的经济范畴。它主张废除商品经济,不符合经济发展的规律和趋势。

第三部分　典型习题详解

一、填空题

1.曾国藩提出:“自古平江南之军,必踞上游之势,建瓴而下,乃能成功。”因此,他采取的军事行动是________。

2.太平军在西征中三次攻克的重镇是________。

3.太平天国由盛而衰的转折点是________。

【答案】

1.占领安庆　2.武昌　3.天京变乱

二、选择题

1. 太平天国之所以是中国农民战争发展的最高峰，最主要是因为(　　)。

A. 制定了比较完整的革命纲领

B. 建立了与清朝政府对立的政权

C. 其规模和延续时间均属空前

D. 对封建王朝的打击空前严重

2.《天朝田亩制度》和《资政新篇》的共同的局限性在于(　　)。

①对当时社会矛盾的认识是不现实的 ②带有强烈的小农意识

③没有学习西方的政治制度 ④缺乏实现的社会环境

A. ①②　　B. ①④　　C. ②③　　D. ②④

3. 在《资政新篇》中，洪仁玕提出的政治主张实际是要(　　)。

A. 巩固封建君主制　　B. 建立民主共和国

C. 实行民主共和制　　D. 实行开明君主制

4.《资政新篇》的主张对太平天国运动的发展未产生显著作用，根本原因是(　　)。

A. 当时战事紧张，无暇顾及

B. 超越了农民战争应当承担的历史使命

C. 没有反映当时社会的主要矛盾

D. 不切合当时中国社会的实际

5. 太平天国对所占地区的农村生产关系的主要影响在于(　　)。

A. 部分地实现了耕者有其田的方案

B. 并没有触动旧的地主阶级土地所有制

C. 一部分农民得到土地或减轻了地租

D. 实现了土地和产品的平均分配

6.《天朝田亩制度》既有进步性又有局限性，这是由(　　)决定的。

A. 这一制度本身的缺陷　　B. 当时紧张的社会形势

C. 农民阶级的社会属性　　D. 太平天国内部不同的观点

7. 太平天国定都天京后，洪秀全颁布法令："贵贱宜分上下，制度必判尊卑。"这表明洪秀全(　　)。

A. 因地制宜地制定发展策略　　B. 封建传统观念还在支配他

C. 要维护诸王的威严　　D. 时刻注意法令的完整性

8. 太平天国西征的目的是要(　　)。

A. 集中力量摧毁清军的力量

B. 控制长江中下游地区,扩大统治区域

C. 解除来自长江流域的威胁,维护天京

D. 切断清朝与地方的联系

【答案】

1. A　2. B　3. D　4. C　5. C　6. C　7. B　8. A

第三十一章　洋务运动

第一部分　考点归纳

一、开眼看世界

1.《四洲志》

《四洲志》是由林则徐主持编译的一部世界地理著作，书中简要叙述了世界四大洲（亚洲、欧洲、非洲、美洲）30 多个国家的地理、历史和政治状况，是近代中国第一部相对完整、比较系统的世界地理志书。

2.《海国图志》

《海国图志》是中国著名思想家魏源的作品。该书全方位地介绍了世界各国的地理、历史、政治、经济、军事、科技，乃至宗教、文化、教育、风土等情况。

《海国图志》的主旨是“师夷长技以制夷”，所以如何造西洋炮、西洋船等近代军事科技资料，但凡能搜集到的，无不汇聚于书中。这本书后来传播到日本，对明治维新也产生了一定的影响。

3.《校邠庐抗议》

《校邠庐抗议》是近代思想家冯桂芬所作的一部政论集。作者针对清咸丰朝以后的社会大变动，以及当时科技水平落后于西方国家的状况，向当权者提出了一系列改革方案。其中采西学、制洋器、改科举等多项建议被洋务派所采纳，进而成为洋务政策。其思想被概括为“中学为本，西学为用”，成为变法图强的理论根据，对清末政治、经济演变的影响甚大。

二、洋务运动

1. 总理衙门

总理各国事务衙门，简称“总理衙门”“总署”“译署”，是清政府为办洋务及外交事务特设的中央机构,于 1861 年咸丰帝批准成立。总理衙门最初主管外交及通商、关税等事务,后来也管理修筑铁路、开矿、制造枪炮军火等事务,总揽全部洋务事宜。总理衙门是清朝中央机构开始半殖民地化的标志,但它在一定程度上也促进了中国外交的近代化。

2.洋务运动的内容

第一阶段:1861—1972 年,建立翻译馆、新式学堂及派遣留学生去学习西洋的火器、机器、科学知识,并培养技术和外交的专业人才;推行一些维护与西方良好关系的外交措施,使中国能够获取这些国家制造舰船和军火装备的秘诀。

第二阶段:1872—1885 年,虽然国防工业仍然是主要的着眼点,但更多的关注投向了一些追求利润的企业,如轮船、铁路、开矿和电报等。

第三阶段:1885—1895 年,对陆海军建设的重视延续下去。1885 年组建海军衙门,1888 年正式成立北洋水师。

(1)军事企业方面

安庆内军械所:1861 年,曾国藩在安庆建立了第一个现代化的军械所。

金陵制造局:1862 年,李鸿章在上海开设洋炮局,后辗转迁到南京,改成金陵制造局。

杭州造船厂:1864 年,左宗棠创设。1866 年迁往福州马尾,成为福州船政局,这是当时由中国人管理的最大的造船厂。

江南制造总局:1865 年,李鸿章创办,是清政府洋务派开设的规模最大的近代军事企业。

(2)近代科学技术方面

设立京师同文馆。1861 年,清政府批准设立京师同文馆。1866 年以后,京师同文馆增设天文和数学等科目,这标志着清政府开始主动培养学习西方近代科学技术的专门人才。

派遣留学生。1872—1875 年,清政府先后派遣四批共 120 名青少年到美国去学习,开创了近代中国人留学的先河。

创办新式学堂。1879—1885 年,李鸿章先后创办了水雷学堂、电报学堂、水师学堂、武备学堂。由此可见,西方近代的各类科学技术都或多或少地被引进中国,掌握近代科学技术知识的新知识分子阶层很快形成。

翻译西学书籍。洋务运动主持者格外注意西方科学技术著作乃至政治、法律等一切有用著作的翻译和出版。尤其是上海的江南制造总局翻译馆在这方面作出了极大的贡献。

3.洋务运动的影响

1894年甲午战争中北洋舰队的全军覆没标志着轰轰烈烈地展开了30多年的洋务运动彻底破产。以"自强""求富"为目的的洋务运动虽然最终未能挽救清王朝，却标志着中国工业化的开始，并在中国播下了现代化的种子。

第二部分　课后习题详解

1.洋务运动在哪些方面进行了有益的尝试?

答:洋务运动是19世纪60—90年代洋务派所进行的一场引进西方军事装备、生产机器和科学技术以维护封建统治为目的的"自强""求富"运动。洋务运动在以下几个方面进行了有益的尝试:

(1)军事方面:积极创办新式军事工业，训练新式军队，筹建南洋、北洋和福建三支海军;

(2)经济方面:兴办轮船、铁路、电报、采矿、纺织等各种新派企业;

(3)文化方面:兴办新式学堂，派遣留学生，培养洋务人才;

(4)政治方面:1861年，设立总理各国事务衙门，主管外交事务，总揽洋务事宜。

2.洋务运动为什么以失败而告终?

答:(1)在不触动腐朽的封建制度的前提下，洋务派试图利用西方资本主义的某些长处来维护封建专制统治，注定是不可能成功的。同时，洋务运动处处受到顽固派的阻挠和破坏，从而加大了洋务运动开展的阻力。

(2)洋务派本身的阶级局限性，决定了他们既是近代工业的创办者和经营者，也是其摧残者和破坏者。封建官僚式体制的企业难以健康持久地发展。

(3)洋务运动的目的之一是抵御外侮，但洋务派在主持外交活动中，对外妥协退让。他们创办的近代企业虽然有抵御外侮的作用，却不能改变中国半殖民地半封建社会地位。甲午战争中北洋舰队的全军覆没标志着轰轰烈烈地展开了30多年的洋务运动彻底破产。

(4)洋务运动缺乏一个健全的领导机构和统一的领导核心，在发展的过程中逐渐分化出几派。这几派基本都是各自为政、互不隶属的，相互之间也存在着竞争，形成了一种掣肘。

第三部分　典型习题详解

一、填空题

1. 第二次鸦片战争结束后,清政府内部以曾国藩、李鸿章、左宗棠和张之洞为首的洋务派,主张"________,________",希望举办洋务新政,达到挽救清王朝封建统治的目的。

2. 最早对兴办洋务的指导思想作出完整表述的人是________。

3. 1861 年,清政府设立________,主管外交、通商及关税等事务。

4. ________是近代中国"睁眼看世界的第一人",他主持编译的《四洲志》开启了中国人重新认识世界的艰难历程。

5. 魏源编成________,系统介绍西方史地和科学技术知识以及西方各国的政治制度,提出了"师夷长技以制夷"的思想。

6. 鸦片战争前后,"经世致用"学派代表人物徐继畬的著作是________。

【答案】

1. 中学为本 西学为用　2. 冯桂芬　3. 总理各国事务衙门　4. 林则徐　5.《海国图志》　6.《瀛环志略》

二、选择题

1. 最早设立翻译局的洋务企业是(　　)。

A. 安庆内军械所　　B. 京师同文馆

C. 江南制造总局　　D. 福州船政局

2. 中国政府第一次选派留学生是在(　　)。

A. 第二次鸦片战争时期　　B. 洋务运动时期

C. 甲午海战之后　　D. 清末新政时期

3. 洋务运动中,洋务派创办的最大的军事工业是(　　)。

A. 天津机器局　　B. 湖北枪炮厂

C. 金陵机器局　　D. 江南制造总局

4. 洋务派创办军事工业的方式是(　　)。

A. 官办　　B. 官督商办

C. 官商合办　　D. 商办

5. 李鸿章说："我朝处数千年未有之奇局，自应建数千年来未有之奇业。"对这种"奇局"应理解为(　　)。

A. 空前规模的太平天国农民革命运动

B. 内有农民起义外有强敌入侵

C. 外国资本主义的枪炮利器是前所未有的

D. 面临着资本主义征服世界的不可抗拒的潮流

6. 洋务运动欲"自强"而不强的结局，从根本上说是因为(　　)。

A. 没有坚决反对西方列强侵略

B. 没有从根本上触动中国旧的社会生产关系

C. 创办的近代企业采用落后的生产方式

D. 西方资本主义列强的破坏

7. 洋务运动破产的标志是(　　)。

A. 甲午战争北洋水师全军覆灭　　B. 中法战争福建水师全军覆没

C. "经远""定远""致远"号被摧毁　　D.《辛丑条约》的签订

8. 下列各项中，与洋务运动无关的是(　　)。

A. 引进西方一些近代生产技术　　B. 刺激了中国资本主义的发展

C. 建立近代化的国家政治制度　　D. 对外国经济侵略作了一些抵制

9. 中国教育打破科举制的束缚，以服务社会为主要目的始于(　　)。

A. 洋务派创办新式学堂　　B. 维新派开设经济特科

C. 清政府废止科举制　　D. 陈独秀倡导文学革命

10. 下面的军事企业和民用工业中，不是洋务派官僚李鸿章创办的有(　　)。

A. 金陵制造局　　B. 江南制造总局

C. 汉阳铁厂　　D. 天津电报总局

【答案】

1. C　2. B　3. D　4. A　5. D　6. B　7. A　8. C　9. A　10. C

三、简答题

洋务派近代工业的创办及其影响。

答：(1)洋务派近代工业的创办

洋务派在中央以恭亲王奕䜣为代表，在地方上以曾国藩、李鸿章、左宗棠和张之洞为代表。从19世纪60年代开始到90年代，掀起了"师夷长技以自强"的洋务运动。

洋务运动前期：以"自强"为口号，引进西方先进生产技术，创办了一批军事企业。如李鸿章创办的江南制造总局、左宗棠创办的福州船政局等。

洋务运动中后期：打出“求富”的旗号，创办了一批新兴工业。如李鸿章创办的轮船招商局和开平矿务局，张之洞创办的汉阳铁厂和湖北织布局等。

(2)洋务派近代工业的影响

以“自强”“求富”为目的的洋务运动虽然最终未能挽救清王朝，却标志着中国工业化的开始，并在中国播下了现代化的种子。它具有许多深远的影响：

第一，大多数制造局、船政局、学堂和新派企业都开办在条约口岸及沿海和长江沿岸的城市，因为在那里最有可能获取洋人的帮助。这些有助于上海、南京、天津、福州、广州和汉口等大都市的发展。

第二，周围农业地区的务农人口被吸引到这些城市中成为产业工人或劳工，促使这些城市的规模飞速膨胀，并逐渐形成一个新的工人阶级。

第三，这些新型的工业和企业造就了新型的职业人士，如工程师、经理和实业家等。而那些留洋人士归国后，也逐渐成长为陆军、海军、学堂和外交机构中的领头人，他们促成了中国新的管理和实业阶层之诞生。

第三十二章　19世纪七八十年代列强的侵华活动

第一部分　考点归纳

一、日本侵略台湾

西方列强从19世纪70年代起开始改变对中国的政策。从过去巩固不平等条约的方针，转变为对中国进行积极的商业和政治渗透，并加紧掠夺殖民地。

1870年，日本明治政府决定与清王朝建立官方关系，派使节来北京，谋求订约，在李鸿章等官员的主张下，中日之间缔结了通商章程。

1873年日本外务大臣到北京，提出为琉球代言的要求时，遭到总理衙门拒绝。

1874年4月，日本政府成立远征台湾统帅部，发兵台湾。

1879年，日本吞并琉球，并更名为冲绳县。

二、英国侵略中国西南边境

1876年9月，英国借口马嘉理案向清政府施压，李鸿章就此案与英国驻华公使在烟台达成一些协议，清政府除了向英国进行赔偿外，被迫同意英国有权在缅甸和云南省边境进行贸易，同意外国商品免交厘金，同意在各对外通商口岸设立特别司法机关会审公堂，以保护在华外国人的利益。

三、俄国侵占伊犁

1871年7月，俄国军队乘伊犁人民反抗清政府的机会占领伊犁，并乘机向中国提出割让领土的要求。1881年，中俄签订《伊犁条约》。中国部分恢复对伊犁的主权，而俄国则保留伊犁西部的一块土地，并对中俄的部分边境进行了调整。清政府向俄国赔偿白银500万两。根据这个条约及同时修订的通商章程,俄国还获得了在新疆通商等一系列重要特惠条件。

四、法国侵略越南

中法战争是1883年12月至1885年4月,由于法国侵略越南并进而侵略中国而引起的一次战争。第一阶段战场在越南北部,第二阶段扩大到中国东南沿海。战争以中法签订《中法新约》而结束。清政府承认越南为法国的殖民地,两国重开贸易。法国势力从此侵入我国云南、广西,加深了中国西南边疆的危机。受此战的影响,清政府于台湾设省,以刘铭传为巡抚,大力推展现代化防务及新政,并积极筹建北洋水师。

第二部分　课后习题详解

1.简述中法战争的过程与影响。

答:中法战争是1883年12月至1885年4月由于法国侵略越南并进而侵略中国引发的一次战争。其过程及影响如下:

(1)过程:第一阶段战场在越南北部;第二阶段扩大到中国东南沿海。1884年年初,包括黑旗军在内的5万清军在北宁与法国军队交战时惨败。8月23日,法国军舰突袭福州马江内的中国海军,并炮轰马尾船厂,中国11艘军舰、19艘商船全被击沉,马尾船厂也遭到毁灭。8月26日,清政府下令桂滇各军进攻法军,前方将士屡挫敌锋,给法军以很大的打击。1885年3月,中国军队收复谅山。但由于清朝统治者的腐朽昏庸,最后法国强迫清政府签订了不平等条约。

(2)影响:一方面,由于清朝政府的怯懦妥协,最终造成法国"不胜而胜",中国"不败而败"的结局,从而在中国近代史上产生了极为严重的影响。例如边境危机愈加严重,中国半封建半殖民地的社会性质日益加深,外国资本主义经济势力侵入中国西南地区,使中国自给自足的自然经济越来越遭到破坏。另一方面,《中法新约》的签订,促使中国人为改变自己国家的命运而寻找新的出路。于是,资产阶级改良主义开始汇合成一种新的社会思潮,为后来的维新变法作了思想上的准备。

2.列举19世纪七八十年代清政府边疆危机的表现。

答:19世纪七八十年代清政府边疆危机主要表现在:日本侵犯中国台湾、英国侵略中国西南边境、俄国侵占伊犁、法国侵犯越南。

(1)1874 年 4 月,日本政府成立远征台湾统帅部,发兵台湾。清政府被迫与日本签订条约,同意"赔偿"日本兵费 50 万两白银。此外,清政府还同意对日本的行为不加谴责,这一让步暗示着清政府承认了日本对琉球的主权。

(2)1876 年 9 月,英国借口马嘉理案向清政府施压,李鸿章就此案与英国驻华公使在烟台达成一些协议,清政府除了向英国进行赔偿外,被迫同意英国有权在缅甸和云南省边境进行贸易,同意外国商品免交厘金,同意在各对外通商口岸设立特别司法机关会审公堂,以保护在华外国人的利益。

(3)1871 年 7 月,俄国军队乘伊犁人民反抗清政府的机会占领伊犁,并乘机向中国提出割让领土的要求。1881 年,中俄签订《伊犁条约》,中国部分恢复对伊犁的主权,而俄国则保留伊犁西部的一块土地,并对中俄的部分边境进行了调整。条约签订后,沙俄进一步加紧了对中国西部地区的侵略。

(4)1883 年 12 月,法国侵略越南并进而侵略中国,中法战争爆发。1885 年中法两国代表在天津签订《中法新约》,确认越南沦为法国的殖民地,进一步加深了中国西南边疆的危机。

第三部分 典型习题详解

一、填空题

1. 中法战争中,中方取得________,直接导致法国总理茹费理内阁集体垮台。

2. 19 世纪下半期,沙俄通过《瑷珲条约》《北京条约》________等,割占中国领土 150 多万平方公里。

【答案】

1. 镇南关大捷 2.《伊犁条约》

二、选择题

1. 下列关于 19 世纪 60 年代中国政局变化情况的叙述,不正确的是( )。

A. 西方列强控制了中国的内政外交

B. 皇帝失去了控制国家的实权

C. 中外关系出现暂时"和好"局面

D. 国内两个政权并存的局面结束

2. 下列关于法国在中法战争中处于被动局面的原因的表述,不正确的是(　　)。

A. 帝国主义矛盾激化,互相牵制

B. 19 世纪晚期法国经济发展相对缓慢

C. 当时法国政局不稳,茹费理内阁倒台

D. 中越军民英勇抵抗,重创法军

【答案】

1. A　2. C

第三十三章　改良思潮与戊戌维新

第一部分　考点归纳

一、改良思潮

1885 年中国在中法战争中的失败使持续 20 多年的洋务运动开始受到保守主义清流派和激进主义新兴思想家两方面的质疑。19 世纪 70 年代以来，中国进入到一场围绕制度变革的旋涡中。

1. 张之洞

张之洞，晚清名臣，温和的改革者。他创办了许多实业，但他从不提倡改变中国的政治制度和道德教化。他提倡"中体西用"，即复兴儒家为国家的道德基础，采用西方的器械以备实用。

2. 郑观应

郑观应，近代中国最早具有完整维新思想体系的理论家、启蒙思想家。他所著的《盛世危言》贯穿着"富强救国"的主题，对中国政治、经济、军事、外交、文化诸方面的改革提出了切实可行的方案。在这部著作里，郑观应呼吁清政府效仿西方实行温和的资产阶级政治体制改革，按照英国的方式实行君主立宪制。

3. 王韬

王韬，清末杰出的思想家、政论家，1874 年在香港创办了中国报刊史上第一份以政论为主的报纸——《循环日报》。王韬是中国第一位报刊政论家，《弢园文录外编》是我国最早的一部报刊政论文集。

二、中日甲午战争

1. 中日甲午战争爆发及清廷的战败

日本在明治维新之后一直觊觎朝鲜，力图变朝鲜为自己的保护国。1894 年 4

月,日本借朝鲜秘密会社东学党起义的机会乘机出兵朝鲜,与驻朝鲜的清军发生冲突。8月1日,中日两国政府同时宣战,中国甲午战争全面爆发。由于日本蓄谋已久,而清政府仓皇迎战,这场战争以中国战败、北洋水师全军覆没告终。邓世昌、丁汝昌等爱国将领以身殉国。清政府被迫与日本于1895年4月17日签订了《马关条约》。

2.《马关条约》内容及影响

内容:(1)承认朝鲜国独立,实际上是承认日本对朝鲜的控制权;

(2)割让辽东半岛、台湾和澎湖列岛;

(3)中国向日本赔偿军费二万万两白银;

(4)中国同意增设沙市、重庆、苏州、杭州四处口岸,日本可在各通商口岸设厂制造,并享有各种优惠待遇。

影响:《马关条约》的签订大大加深了中国社会半殖民地化程度。影响之一是帝国主义加紧扩张,将整个中国分割为各自的租借地与势力范围。在这些地域内,它们修建铁路、开采矿山、设立工厂、开办银行,并设立各种各样的剥削机构。影响之二是中国民族工业受到压制。日本在条约中获得了在华设厂的权力,其他各国因享有最惠国待遇也拥有了这项权力。这使得帝国主义国家可以在中国从事生产,避免了关税,并降低了运输费用。与那些萌芽中的中国工商业相比,外国投资者和开发商拥有大量资金、工艺技艺和特权地位,因而占据着明显的优势。外来资本主义阻碍了中国民族资本主义的成长,并将中国的工业降低到依从、附属地位。影响之三是促进日本进一步崛起,为它以后在第二次世界大战中侵占东南亚打下了基础。影响之四是引发了中国的新政治运动。

3. 三国干涉还辽

三国干涉还辽发生于甲午战争后。《马关条约》规定清政府割让辽东半岛给日本。六日后,俄国、德国和法国为了自身利益,以提供"友善劝告"为借口,迫使日本把辽东半岛还给清政府。日本为此深感屈辱,三国干涉还辽也是日俄战争爆发的原因。

三、戊戌变法

1. 戊戌变法的背景

中日甲午战争的惨败使中国思想界认识到,只有一场激进的改革甚或革命才可拯救中国。康有为、梁启超、麦孟华等人在京师创办《万国公报》,后更名为《强学报》,进行变法维新的宣传。康有为先后在北京、上海成立强学会,梁启超、黄遵宪等创办影响巨大的社会政治性杂志《时务报》,对推动后来的维新变法运动起到了重要作用。

1897 年 11 月,两名德国传教士在山东被杀,德国以此为借口出兵强占胶州湾,要求清政府给予德国在山东半岛修筑铁路、开采矿产资源以及建立军事基地的特权。1898 年 3 月,清政府同意了德国的要求。1898 年 3 月,清政府被迫同意将辽东半岛的一部分,包括大连、旅顺"租借"给俄国。5 月,清政府被迫同意将广州湾沿岸"租借"给法国。与此同时,英国获得了九龙半岛的大部分,以及山东半岛东北端的威海卫。胶州湾事件以及后来的一系列事件激起中国进步社会人士的极大愤慨。保国会、保滇会、保浙会等类似的爱国组织在京相继成立,它们的宗旨都是保护本省和中国的领土完整以及发展民族经济。

2. 戊戌变法的主要措施

在慈禧太后的默许下,1898 年 6 月 11 日,光绪皇帝颁布"明定国是"的谕旨,标志着戊戌变法正式开始。其目的在于使中国变为强盛独立的近代国家。主要措施有:

(1)奖励促进中国工商业、农业发展的发明和科学发现,设立矿务、农业、工商业以及铁路总局等专门的管理机构;

(2)废止科举考试中的八股文考试,筹办京师大学堂,培养符合发展需要的人才;

(3)整顿军队,建设一支现代化的武装力量;

(4)精简官僚机构,建立一个高效、廉洁的行政体制。

3. 戊戌变法的影响

1898 年戊戌变法失败所造成的影响是广泛而深远的。首先,它证明了晚清时期从上而下的进步改革是不可能的。其次,在皇太后和重返政坛的顽固保守派的控制下,朝廷根本不具备领导能力。最后,清政府的措施导致阶级矛盾加剧,使得人们认识到,中国的前途在于彻底地推翻清王朝。这样的事业无法通过和平的变革、只有通过来自下层的流血革命才有可能实现。

4. 戊戌政变

1898 年 9 月 21 日,慈禧太后发动政变,剥夺了光绪皇帝的权力,以"训政"的名义重掌国政。政变时,保守派大肆捕杀维新党人。维新志士谭嗣同、康广仁、林旭、杨深秀、刘光第、杨锐六人惨遭杀害,史称"戊戌六君子"。康有为、梁启超等被迫流亡海外。除了京师大学堂(北京大学前身,标志着中国近代国立高等教育的开端)得以保留外,维新运动中其他方面的举措基本上都被慈禧太后废除。史称戊戌政变。

【真题回顾】1898 年康有为在《应诏统筹全局折》中说:“观万国之势,能变则全,不变则亡,全变则强,小变仍亡。”小变与全变指的是(　　)。

A. 清末新政和实业救国　　B. 实业救国和武昌起义

C. 戊戌维新和清末新政　　D. 洋务运动和戊戌变法

【答案】D

第二部分　课后习题详解

1.试分析戊戌变法失败的原因。

答:第一,守旧派势力强大,掌握实权,当变法触及王公贵族的根本利益时,以慈禧太后为首的顽固派就动手遏制、镇压。

第二,维新派缺乏坚强的组织领导,脱离广大人民群众,只寄希望于没有实权的皇帝和极少数的官僚,甚至对帝国主义抱有不切实际的幻想。

第三,维新派缺乏正确的理论指导。此外,维新派某些激进的宣传,也增加了社会阻力。

总之,资产阶级维新派的软弱性和妥协性,缺乏反帝反封建的勇气,只采取改良的办法,不足以同强大的封建势力相抗衡。

2.谈谈戊戌变法的历史意义。

答:戊戌变法是一场政治改良运动和救亡运动,是由中国新兴的资产阶级在封建制度的沉重压迫下和帝国主义加紧侵略中国的形势下发起的,是中国人民反帝反封建斗争的重要组成部分,是资产阶级民主革命准备时期的一个发展阶段,具有重大的历史意义:

(1)戊戌变法发动的背景是中方在甲午战争中战败及帝国主义掀起瓜分中国的狂潮。维新派反对帝国主义侵略,维护民族独立,具有强烈的爱国主义精神。

(2)戊戌变法的目的是改革社会制度,这反映了时代的要求,标志着中国新兴的资产阶级开始登上政治舞台。

(3)戊戌变法是是一次具有爱国救亡意义的变法维新运动,是中国近代史上一次重要的政治改革,也是一次思想启蒙运动。这次变法促进了思想解放,对中国思想文化的发展和近代社会的进步起到了重要的推动作用。

3. 谈谈《马关条约》的内容及其影响。

答:(1)内容:①承认朝鲜国独立,实际上是承认日本对朝鲜的控制权。②割让辽东半岛、台湾和澎湖列岛。③中国向日本赔偿军费二万万两白银。④中国同意增设沙市、重庆、苏州、杭州四处口岸,日本可在各通商口岸设厂制造,并享有各种优惠待遇。

(2)影响:《马关条约》的签订大大加深了中国社会半殖民地化程度。

影响之一是帝国主义加紧扩张,将整个中国分割为各自的租借地与势力范围。在这些地域内,它们修建铁路、开采矿山、设立工厂、开办银行,并设立各种各样的剥削机构。这些扩张行为使中国陷入更深重的半殖民地状态。

影响之二是中国民族工业受到压制。日本在条约中获得了在华设厂的权力,其他各国因享有最惠国待遇也拥有了这项权力。这使得帝国主义国家可以在中国从事生产,避免了关税,并降低了运输费用。与那些萌芽中的中国工商业相比,外国投资者和开发商拥有大量资金、工艺技艺和特权地位,因而占据着明显的优势。外来资本主义阻碍了中国民族资本主义的成长,并将中国的工业降低到依从、附属地位。

影响之三是促进日本进一步崛起,为它以后在第二次世界大战中侵占东南亚打下了基础。

影响之四是引发了中国的新政治运动。

第三部分　典型习题详解

一、填空题

1. 中日甲午战争中,致远舰管带________在黄海战役牺牲,日本取得黄海海域的制海权。日本在________对当地的居民实行野蛮的大屠杀。

2. 在1895年的________战役中,北洋舰队全军覆没。

3.《马关条约》规定:割让________、台湾、澎湖列岛给日本;允许日本在中国通商口岸投资设厂。

4.《马关条约》反映了帝国主义________、输出资本的侵略要求,帝国主义掀起瓜分中国的狂潮。

5. 早期维新派的代表人物有________、郑观应等,他们在政治上主张革新,设立君主立宪制;经济上主张发展工商业。

6. 康有为意图建立具有立法职能的新政领导机构的想法体现在________(文件)。

7.戊戌变法时期，维新派在上海创办的影响较大的政治性杂志是________。

8.戊戌变法时期，梁启超的主要著述是________。

9.戊戌变法时期，严复在天津主办的报纸是________。

10.戊戌变法时期，康有为主持的重要学堂是广州的________。

11.戊戌变法中，光绪皇帝颁布政令要求裁减旧式绿营兵，改练________。

12.戊戌政变后，新政措施大都被废除，被保留下来的是________。

13.在中国近代史上，资产阶级思想与封建主义思想的第一次正面交锋是________的论战。

【答案】

1.邓世昌　旅顺　2.威海卫　3.辽东半岛　4.对外扩张　5.王韬　6.《应诏统筹全局折》　7.《时务报》　8.《变法通议》　9.《国闻报》　10.万木草堂　11.新式陆军　12.京师大学堂　13.维新派与守旧派

二、选择题

1.晚清维新派人士提出："三权分立，然后政体备，以我朝论之，皇上则为元首，百司所从，军机号为政府，出入纳亡命……"其实际主张是要求建立（　　）。

A.君主专制政体　　B.开明君主政体

C.君主立宪政体　　D.君主共和政体

2.康有为提出"下诏鼓天下之气，迁都定天下之本，练兵强天下之势，变法成天下之治"是在（　　）。

A.上清帝第一书　　B.公车上书

C.上清帝第三书　　D.《应诏统筹全局折》

3.为抵制变法对抗维新思想，张之洞撰写了一篇洋洋数万言的文章（　　）。

A.《劝学篇》　　B.《盛世危言》

C.《筹洋刍议》　　D.《驳康有为论革命书》

4.《变法通议》中记载，同治初年，德相俾斯麦对人说："三十年后，日本其兴，中国其弱乎？日人之游欧洲者，讨论学业，讲究官制归而行之；中人之游欧洲者，询某人船炮之利，某厂价值之廉，购而用之，强弱之源，在此乎？"这段话意在（　　）。

A.批评洋务派的活动　　B.比较中日近代化的异同

C.寻找中国积弱的根源　　D.强调中国有实行社会政治发展的必要

5.康有为向光绪帝呈递的《应诏统筹全局折》，实际上是维新派的施政纲领，因为它（　　）。

A. 提出了各方面具体的变法的建议

B. 主张实行君主立宪的政治体制

C. 系统论证了维新变法的理论

D. 明确指出变法是救亡图存的唯一出路

【答案】

1. C 2. B 3. A 4. D 5. A

三、简答题

1. 简析甲午中日战争中国战败的原因。

答:(1)装备方面:清军购自列强的武器年久失修,掺假严重,致使清军战斗力受到很大影响。慈禧为庆六十大寿挪用海军军费,清军无资金购买先进的装备;而日本明治天皇大力支持海军建设,两军无论是装备还是士兵素质都有一定差距。

(2)战略方面:清军战前没有明确的战略方针和作战计划。加之清军妥协投降,部分将领临阵脱逃。

(3)根本原因是清政府腐败无能,封建制度落后。

2. 康、梁为推动戊戌变法进行了哪些活动?

答:康、梁为推动戊戌变法所进行的活动包括:

(1)办学:康有为在广州创办万木草堂,收徒讲学,宣传维新变法思想。

(2)著书:康有为借儒家思想宣传维新思想,写成《孔子改制考》和《新学伪经考》;梁启超则著有对人民素质提出较高要求的《新民说》。

(3)办报刊:康有为在北京创办《万国公报》,梁启超在上海创办《时务报》。

(4)组团:康有为等人在京师成立变法维新团体强学会,在上海筹组上海强学会。后又组织成立保国会等,号召人们参加变法维新。

(5)发起"公车上书",推动戊戌变法的展开。

第三十四章　清末新政和预备立宪

第一部分　考点归纳

一、《辛丑条约》的签订

1.义和团运动及八国联军侵华

义和团运动是1900年兴起的一场以“扶清灭洋”为宗旨的民众爱国运动，并一度得到清政府的支持。义和团成员成分复杂，盲目排外，组织松散，有浓厚的愚昧迷信色彩，大肆杀害在华的洋人，特别是外国传教士，并围攻外国驻华使馆，后在中外势力的联合绞杀下失败。清政府被迫与列强签订了《辛丑条约》。

2.《辛丑条约》

《辛丑条约》为清政府在1901年9月7日同英、美、法、德、俄、日、意、奥、西、荷、比11国公使在京签订的不平等条约。

(1)主要内容:①清政府向11国赔款4.5亿两白银;②将北京东交民巷划为使馆区，由各国驻兵保护;③拆除大沽口炮台及有碍京师至海通道之各炮台，各国可以在北京至山海关铁路沿线12处据点驻军;④严惩排外官员，要求官员严厉镇压人民的反帝斗争;⑤将总理衙门改为外务部。

(2)影响:帝国主义列强通过《辛丑条约》大大加强了它们在中国的势力和影响，加强了对清政府的政治控制和军事监督，使之继续充当它们侵略中国的工具。《辛丑条约》的签订，标志着中国完全沦为半殖民地半封建社会。

二、清末新政

清末新政是1901—1905年清政府推行的改革。1901年1月29日，清政府再以光绪皇帝的名义宣布实行新政，开始了一场在内容上与1898年的改革几乎雷同的改革。

主要内容：

(1)行政管理方面：废除总理衙门，改设外交部；裁减机构，整顿吏治；建立近代警察制度。

(2)法律方面：委托一批法律专家对陈旧的法律法规、诉讼程序进行了修订和改革，废止了那些野蛮、陈腐的审讯方式和特别残忍的刑讯(中国法律现代化进程由此真正起步)。在司法体制上将大理院设为中央最高审判机关，实行四级三审制度；推行地方自治。

(3)军事方面：从 1901 年起下令裁减各地驻军中缺乏战斗力的部分，然后按照欧洲和日本的方式，重新组建新式军队，设立新式军事学堂。

(4)工商业方面：推广奖励工商业者的办法，组建商部，成立工商厅局；制定出一系列有利于工商业发展的规章制度，鼓励民间资本向工商业方面流动；颁布举办银行业务章程草案，开办户部银行。

(5)教育方面：命令各省设立小学、中学和大学三级学堂；鼓励和有计划地组织接受过新式教育的青年出国留学；废除科举，兴办新式学堂。

三、预备立宪

1905 年 7 月，清政府根据袁世凯的建议，决定派遣五大臣赴东西洋各国考察宪政。11 月，设立考察政治馆，负责研究国体方面的改革。1906 年 9 月 1 日，清政府正式宣布“预备立宪”，但原则是“大权统于朝廷，庶政公诸舆论”，因此预备立宪在当时被革命党方面认为是一场骗局。

1908 年 8 月，清政府颁布了《钦定宪法大纲》，规定了皇帝的 14 条大权与臣民的 9 项权利和义务，实际上是进一步强化了君主的权力，遭到了普遍的反对与非议。该大纲是既带有浓厚的封建色彩，又具有西方资产阶级民主色彩的宪法性文件，初步确立了君主立宪制的政治改革方向。

第二部分　课后习题详解

1.谈谈清末新政的具体措施及作用。

答：具体措施：(1)行政管理方面：废除总理衙门，改设外交部；裁减机构，整顿吏治；建立近代警察制度。

(2)法律方面：委托一批法律专家对陈旧的法律法规、诉讼程序进行了修订和改革,废止了那些野蛮、陈腐的审讯方式和特别残忍的刑讯;在司法体制上将大理院设为中央最高审判机关,实行四级三审制度;推行地方自治。

(3)军事方面:从 1901 年起下令裁减各地驻军中缺乏战斗力的部分,然后按照欧洲和日本的方式,重新组建新式军队,设立新式军事学堂。

(4)工商业方面:推广奖励工商业者的办法,组建商部,成立工商厅局;制定出一系列有利于工商业发展的规章制度,鼓励民间资本向工商业方面流动;颁布举办银行业务章程草案,开办户部银行。

(5)教育方面:命令各省设立小学、中学和大学三级学堂;鼓励和有计划地组织接受过新式教育的青年出国留学;废除科举,兴办新式学堂。

作用:(1)政治上,精简机构,设立新机构,整顿吏治,一定程度上打击了封建顽固势力,但也反映出清政府已沦为维护帝国主义在华利益的工具。(2)法律上,新式章程与法律促进了中国法律现代化的发展。(3)军事上,编练新军,一定程度上增强了中国的军队实力,但由此衍生出近代军阀。(4)工商业上,促进了中国近代商品经济的发展。(5)文化教育上,废科举,颁行新学制和设立各式新学堂、派遣留学生,培养了中国近代科技、教育、法政、军事人才。然而,清末新政终究是为了维护清王朝统治,不可能真正促进中国近代化的发展,它的改革并未使社会矛盾得到真正解决。

2. 为何说预备立宪是一场骗局?

答:1906 年 9 月 1 日,清政府正式宣布"预备立宪",但原则是"大权统于朝廷,庶政公诸舆论",因此预备立宪在当时被革命党方面认为是一场骗局。

首先,清政府并未真正打算"预备立宪",而是企图以预备之名行拖延之实,规定预备立宪期限为 9 年。

其次,名为立宪,实则加强以满洲贵族为中心的中央集权。预备立宪的第一条措施是改革官制,然而在中央的重要职位均由满洲贵族担任。

然后,1908 年 8 月,清政府颁布了《钦定宪法大纲》,规定了皇帝的 14 条大权与臣民的 9 项权利和义务,实际上是进一步强化了君主的权力,遭到了普遍的反对与非议。

最后,在全国高涨的舆论压力下,1911 年 5 月,清政府公布了责任内阁。这个内阁几乎都是由皇族成员组成。"皇族内阁"的公布,使全国舆论哗然,立宪骗局至此被揭穿。

3. 谈谈《辛丑条约》的内容及其影响。

答:《辛丑条约》是八国联军攻占北京后强迫清政府签订的不平等条约。1901

年 9 月 7 日，清政府与英、美、法、德、俄、日、意、奥、西、荷、比等 11 个国家的公使在北京签订了《辛丑条约》。

(1)主要内容：①清政府向 11 国赔款 4.5 亿两白银；②将北京东交民巷划为使馆区，由各国驻兵保护；③拆除大沽口炮台及有碍京师至海通道之各炮台，各国可以在北京至山海关铁路沿线 12 处据点驻军；④严惩排外官员，要求官员严厉镇压人民的反帝斗争；⑤将总理衙门改为外务部。

(2)影响：帝国主义列强通过《辛丑条约》大大加强了它们在中国的势力和影响，加强了对清政府的政治控制和军事监督，使之继续充当它们侵略中国的工具。《辛丑条约》标志着中国完全沦为半殖民地半封建社会。

第三部分　典型习题详解

一、填空题

1. 义和团运动提出的口号是“________”。

2. 1901 年签订的《辛丑条约》，划定北京东交民巷为使馆界；改总理衙门为________，位居六部之首。清政府彻底沦为帝国主义统治中国的工具。

3. ________的签订标志着中国完全沦为半殖民地半封建社会。

【答案】

1. 扶清灭洋　2. 外务部　3.《辛丑条约》

二、选择题

1. 太平天国运动与义和团运动最主要的不同之处是(　　)。

A. 参加者的阶级属性　　B. 对中外反动势力的打击

C. 对西方文明的态度　　D. 抗击对象的不同

2. 清末的预备立宪与维新派主张的君主立宪的主要区别在于(　　)。

A. 维护君主制度　　B. 缓和国内矛盾

C. 加强君主专制　　D. 引进欧美政体

3. 总理衙门和外务部设立的共同点是(　　)。

A. 都主管通商和外交　　B. 都有利于中国资本主义发展

C. 都有利于列强控制中国的内政外交　　D. 清中央机构开始半殖民地化

4. 20 世纪初清政府实行新政的结果不包括(　　)。

A. 消除了与资产阶级的矛盾　　B. 引起了立宪派的分化

C. 清政府仍处于困境之中　　D. 增加了人民的纳税负担

【答案】

1. C　2. C　3. C　4. A

三、名词解释

《钦定宪法大纲》

清末新政期间,1908 年 8 月,清政府颁布了《钦定宪法大纲》,规定了皇帝的 14 条大权与臣民的 9 项权利和义务,实际上是进一步强化了君主的权力,遭到了普遍的反对与非议。该大纲是既带有浓厚的封建色彩,又具有西方资产阶级民主色彩的宪法性文件,初步确立了君主立宪制的政治改革方向。

第三十五章　辛亥革命与清王朝的覆灭

第一部分　考点归纳

一、民主革命思想的宣传

1. 思想宣传

(1)陈天华在其作品《警世钟》《猛回头》中揭露帝国主义列强瓜分中国的阴谋，指出清政府已成为“洋人的朝廷”，号召全国各阶层民众团结起来。

(2)邹容于 1903 年写成《革命军》一书，旗帜鲜明、通俗易懂地回答了中国民主革命的基本问题，系统地阐发了孙中山“建立民国”的设想。

(3)章炳麟(章太炎)为邹容的《革命军》作序，使之流传甚广。章后任同盟会机关报《民报》主编，贯彻了同盟会的纲领，较全面地宣传了孙中山的三民主义思想。

2. 兴中会

兴中会于 1894 年 11 月 24 日成立于美国檀香山，由孙中山领导。宗旨是“驱除鞑虏，恢复中华，创立合众政府”。兴中会是近代中国资产阶级成立的第一个革命团体。

3. 同盟会

同盟会于 1905 年 8 月在东京成立，是孙中山领导和组织的一个统一的全国性资产阶级革命政党。孙中山在宣言中提出“驱除鞑虏，恢复中华，创立民国，平均地权”十六字纲领，后演变为“民族、民权、民生”三民主义。1912 年在宋教仁的组织下，同盟会同其他团体合并改组为国民党，后被袁世凯强行解散。

二、武昌起义

1. 保路运动

保路运动是四川、广东、湖南、湖北等省人民反对清政府将民办的川汉、粤汉铁路出卖给帝国主义的群众运动。湖北、湖南最先发生风潮,很快扩大到广东、四川等省份,尤以四川的运动最为激烈,并很快发展成由社会各个阶层参加的武装暴动。清政府从湖北调集军队前往四川镇压,武昌由此成为清政府统治相对薄弱的地区。革命党人迅即利用这一机会,决定在武昌发动武装起义。

2.武昌起义的过程

武昌起义原定1911年10月26日举行,但10月9日,一枚炸弹在位于汉口俄租界内的革命指挥部中意外爆炸,巡捕随后突击搜查。为了保护自己,新军工程营与炮兵营决定翌日起事。10月10日晚,武昌新军在革命党人的领导下发动起义,经过一番激烈的战斗,很快占领总督衙门、警察署等重要地点。11日,驻汉口的新军发动起义,并迅速控制了汉口。

3.辛亥革命

武昌起义的迅速胜利极大地鼓舞了各地的革命党人。在此后不到两个月的时间里,全国绝大多数省份或通过起义建立了新政权,或由旧官僚的反正而脱离了与清政府的关系。最终,清宣统帝溥仪于1912年2月12日宣布退位。因1911年为中国农历辛亥年,所以历史上把这场以武昌起义为标志的、席卷全国的以推翻清朝为目的的革命,称为辛亥革命。

辛亥革命具有伟大的历史意义:它是一次伟大的反帝反封建的资产阶级民主革命;它推翻了清王朝的统治,结束了两千多年的封建帝制;资产阶级共和国的旗帜第一次飘扬在中国上空,有利于资本主义的发展和社会的进步。但是由于资产阶级的软弱性,这也是一场不彻底的资产阶级民主革命,辛亥革命没有改变中国半殖民地半封建的社会性质和人民的悲惨境遇,辛亥革命的胜利果实最终落入军阀袁世凯之手。

第二部分　课后习题详解

1.简述辛亥革命爆发的条件和意义。

答:(1)条件:①民族危机加深,社会矛盾激化。《辛丑条约》签订后,清政府要偿还巨额的赔款,便大肆增加苛捐杂税,各地人民抗捐抗税抗租斗争不断,社会矛盾和阶级矛盾不断激化。②清末新政破产,“皇族内阁”的公布使得立宪派完全失望。③资产阶级力量不断壮大。④民主革命思想的广泛传播、资产阶级革命团体的纷纷成立和孙中山提出的“三民主义”的广泛传播。

(2)意义:它是一次伟大的反帝反封建的资产阶级民主革命;它推翻了清王朝

的统治，结束了两千多年的封建帝制；资产阶级共和国的旗帜第一次飘扬在中国上空，有利于资本主义的发展和社会的进步。

2. 简述武昌起义的过程及影响。

答：武昌起义是指 1911 年在湖北武昌发生的一场旨在推翻清朝统治的起义，也是辛亥革命的开端。

武昌起义的过程：①前夕策动：为了尽快平息四川的武装起义，清政府从湖北调集军队前往四川镇压，武昌由此成为清政府统治相对薄弱的地区，革命党人决定在武昌发动起义。②临时决定：武昌起义原定 1911 年 10 月 26 日举行，但 10 月 9 日，一枚炸弹在位于汉口俄租界内的革命指挥部中意外爆炸，巡捕随后突击搜查。为了保护自己，新军工程营与炮兵营决定翌日起事。③星夜起义：1911 年 10 月 10 日晚，武昌新军在革命党人的领导下发动起义，经过一番激烈的战斗，很快占领总督衙门、警察署等重要地点。11 日，驻汉口的新军发动起义，并迅速控制了汉口。

武昌起义的影响：①振奋了全国人心，推动了辛亥革命的到来。清政府统治开始瓦解，为中华民国的成立创造了条件。②促进了全国革命力量的增长。在武昌起义中，武汉革命党人发挥革命精神，积极宣传了革命思想。③敲响了清王朝封建统治的丧钟。革命军攻克总督府，占领武昌，并在全国燃起燎原之火，沉重打击了清政府。④武昌起义创建了湖北军政府，成为共和政权的雏形，并引发各省响应，不久就诞生了中华民国，建立了以孙中山为首的南京临时政府，取得辛亥革命的重大胜利。

第三部分　典型习题详解

一、填空题

1. 1894 年，孙中山在檀香山成立中国第一个资产阶级革命团体________。

2. 1905 年，兴中会、华兴会、光复会骨干在日本东京成立________，这是中国第一个全国性的资产阶级革命政党，标志着中国资产阶级民主革命进入了一个新阶段。

3. 孙中山的三民主义以________为核心思想。

4. 1911 年 10 月 10 日，革命党人在________率先发动起义，湖北新军中革命党人纷纷响应，史称“辛亥革命”。

5. 在________的组织下，同盟会同其他团体合并改组为国民党。

【答案】

1. 兴中会　2. 同盟会　3. 民权　4. 武昌　5. 宋教仁

二、选择题

1. 中国人民开展保路运动的最根本原因是(　　)。

A. 反对收回已准许商办的铁路干线　B. 推翻腐败卖国的清政府

C. 抗议逮捕保路会负责人　　D. 反对将铁路修筑权出卖给帝国主义

2. 武昌起义后建立的湖北军政府是一个(　　)。

A. 资产阶级革命派完全掌权的政权

B. 包括革命派、立宪派和旧官僚的联合政权

C. 立宪派占主体的资产阶级政权

D. 资产阶级革命派建立的第一个地方革命政权

3. 资产阶级革命派提出的民权主义较维新派兴民权思想要进步,主要体现在(　　)。

A. 反对民族压迫　　B. 国家政权的组织形式

C. 国家的阶级实质　　D. 反对封建土地所有制

4. 1912 年 3 月第一届内阁在南京组成,其内阁总理是(　　)。

A. 陈其美　　B. 蔡元培　　C. 唐绍仪　　D. 宋教仁

5. 下列不是同盟会成立的条件是(　　)。

A. 革命形势有了重大发展　　B. 清政府的预备立宪破产

C. 民主革命思想广泛传播　　D. 资产阶级革命团体纷纷建立

6. 三民主义要解决的主要矛盾是(　　)。

A. 中华民族同帝国主义的矛盾　　B. 资产阶级革命派同立宪派的矛盾

C. 民族资产阶级与满洲贵族的矛盾　D. 封建主义同人民大众的矛盾

7. 辛亥革命的根本目的是(　　)。

A. 推翻帝国主义在华侵略势力　　B. 为民族资本主义发展创造条件

C. 推翻清朝满洲贵族统治　　D. 建立民主共和国,让人民享有民主自由

【答案】

1. D　2. B　3. B　4. C　5. B　6. D　7. B

三、简答题

1. 简要评价辛亥革命。

答:(1)积极意义

①它是一次伟大的反帝反封建的资产阶级民主革命;它推翻了清王朝的统治,

结束了中国长达两千多年的封建帝制;资产阶级共和国的旗帜第一次飘扬在中国上空,有利于资本主义的发展和社会的进步。

②在思想上使人们获得了一次空前的大解放,民主共和的观念深入人心,激发了人们的参政热情;促进了中华民族的觉醒,振奋了民族精神。

③使民族资产阶级备受鼓舞,积极投身实业,民族资本主义获得了快速发展。

④报社和政团大量出现,文化教育迅速发展,学术思想自由。这些还促进了新文化运动的展开。

(2)失败原因

①帝国主义、封建主义势力强大。

②革命党本身也存在不足。他们没有明确的反帝纲领,三民主义的实施只以推翻"满清"政权、建立民主共和国为目标,民生主义关于"平均地权""节制资本"的诉求也难以付诸实践。

③群众基础不牢,同盟会成分复杂,思想不一。领导人缺乏斗争到底的决心,缺乏理性的、长远的政治眼光,具有妥协性和软弱性。辛亥革命的果实被袁世凯窃取,使中国进入了北洋军阀执政的混战时期。

2.为什么说武昌起义的成功不是偶然的?

答:武昌起义的发生和成功不是偶然的,原因如下:

(1)20世纪初,武汉地区民族资本主义有较快发展,民族资产阶级力量不断壮大。由于各种近代学堂的设立,湖北出现资产阶级知识分子群,为革命党提供了骨干人才。

(2)武汉是帝国主义入侵较早的地区,帝国主义的掠夺和封建主义的压榨,使这里人民的反抗怒潮不断高涨,为武昌起义奠定了群众基础。

(3)革命党人在武汉地区进行了较长期的起义准备,文学社、共进会深入湖北新军,做了大量的宣传、组织工作。

第三十六章　中华民国的成立及其政权变化

第一部分　考点归纳

一、中华民国的成立

1.组建临时政府

1912年元旦,孙中山在南京就职临时大总统,宣告中华民国南京临时政府成立,定国号为中华民国,改用阳历。1月3日,各省代表会选举黎元洪为中华民国副总统,并通过孙中山提出的中央行政设立各部及其权限案,委任中央各部部长及次长。11日,各省代表会决议以五色旗为中华民国国旗。

南京临时政府的成立,标志着中国资产阶级领导的民主主义革命的胜利。

2.《中华民国临时约法》

《中华民国临时约法》1912年3月8日由临时参议院通过,3月12日正式实施,为中国第一部资产阶级宪法性文件。

(1)主要内容:中华民国之主权属于国民全体;参议院、临时大总统、国务院、法院行使其统治权,在政治上实行三权分立的责任内阁制,限制总统的权力;规定人民享有言论、著作、集会、考试、选举等各种权利,并有纳税、服兵役之义务。

(2)意义:《中华民国临时约法》体现了资产阶级革命派的要求,进一步传播了民主共和的革命思想,促进了民族资本主义经济的发展,改变了中国封建社会的不良习俗,对中国政治近代化起到了极大的推动和促进作用。它虽没能制止袁世凯窃权独裁,但对于动员社会舆论、防止帝制在中国复辟起到了一定的积极作用。

二、袁世凯篡夺政权

1911年10月11日,清政府皇族内阁举行会议,决定起用袁世凯。随后清政府任命袁世凯为内阁总理大臣，并授权他来组阁。袁世凯就职后，对武汉前线的战事一方面采取军事强攻的手段，迫使湖北军政府让步，另一方面则采取诱降的和平手段，控制局面。

中华民国南京临时政府成立后，南北和谈实际上陷入困境，正是由于这样一种形势，孙中山承诺如果袁世凯劝说清帝退位，并实行共和体制，就让位于他。

1912 年 2 月，清帝退位后。孙中山辞职，袁世凯继任临时大总统。辛亥革命的胜利果实被袁世凯攫取。

第二部分　课后习题详解

1.谈谈南京临时政府建立的历史意义。

答：(1)南京临时政府的成立，标志着中国资产阶级领导的民主主义革命的胜利，这是中国历史上的大事。

(2)南京临时政府颁布的一系列新的法令，促进了民族资本主义经济的发展，改变了中国封建社会的不良习俗。

(3)南京临时政府的成立，推动了中国民主政治革命进程，促使民族觉醒。

(4)南京临时政府的成立，显示出中国人民的革命性以及进步性。

2.分析辛亥革命的果实为何会落入袁世凯手中。

答：(1)袁世凯得到帝国主义和国内封建势力的支持。(2)袁世凯早有预谋，一方面对革命党人进行武力镇压，一方面又迫使清政府接受议和。(3)袁世凯假意赞成共和。(4)中国民族资产阶级的软弱性和妥协性，对袁世凯及其党羽的步步紧逼做出退让。(5)袁世凯手握重兵，拥有强大的军事力量。

第三部分　典型习题详解

一、填空题

1. 1912 年元旦，孙中山在南京宣誓就职，宣告________成立，定都南京，以五色旗为国旗，改用公历。

2. 中华民国南京临时政府颁布________，这是中国历史上第一部资产阶级宪法性文件，具有反对封建专制的进步意义。

3. 1912 年 3 月,________在北京就任中华民国临时大总统,标志着辛亥革命的胜利果实被窃取。

【答案】

1. 中华民国南京临时政府　2.《中华民国临时约法》　3. 袁世凯

二、选择题

孙中山成立的南京临时政府是一个革命政府,对其依据表述,不正确的是(　　)。

A. 以革命手段夺取政权而建立　　B. 革命派在政权中占大多数

C. 政府颁布了反封建的法定措施　　D. 政府不向帝国主义妥协

【答案】D

三、名词解释

《中华民国临时约法》

答:《中华民国临时约法》是 1912 年 3 月 8 日由临时参议院通过,3 月 12 日正式实施的中国第一部资产阶级宪法性文件。主要内容是:中华民国之主权属于国民全体,参议院、临时大总统、国务院、法院行使其统治权,在政治上实行三权分立的责任内阁制,限制总统的权力;规定人民享有言论、著作、集会、考试、选举等各种权利,并有纳税、服兵役之义务。

意义:《中华民国临时约法》体现了资产阶级革命派的要求,进一步传播了民主共和的革命思想,促进了民族资本主义经济的发展,改变了中国封建社会的不良习俗,对中国政治近代化起到了极大的推动和促进作用。它虽没能制止袁世凯窃权独裁,但对于动员社会舆论、防止帝制在中国复辟起到了一定的积极作用。

第三十七章 民国初年的教育改革

第一部分 考点归纳

一、中国近代教育的起步

(1)洋务运动期间,洋务派创办了一批新式学堂,培养翻译、军事和科技人才,同时选派留学生出国深造,开近代教育的先河。

(2)中日甲午战争后,面对严峻的民族危机,康有为、梁启超、严复、张之洞等社会各界有识之士纷纷表达发展教育的强烈愿望,出现私人办学的现象。1898 年戊戌变法中,光绪帝批准设立京师大学堂,同时颁布一系列文化教育改革措施,促进了社会风气的变化。

(3)20 世纪初,清政府实施改革试图挽救危局,其中就包括教育改革。1902 年,制定《钦定学堂章程》,但未能付诸实行。1903 年,制定并颁布《奏定学堂章程》,这是中国由国家颁布的第一个在全国范围内推行的系统学制。1905 年 9 月,清政府下令废除科举制。

(4)资产阶级革命派倡导的革命教育。1902 年蔡元培、叶瀚等革命人士在上海创立"中国教育会",并特设"爱国学社",影响了一大批学校。

二、南京临时政府的教育改革

南京临时政府任命蔡元培为教育总长,由他执掌教育部统筹全国教育事业。教育部成立之初颁布《普通教育暂行办法通令》,按照新式教育的模式对中国旧的教育体制进行根本性改造。

1912 年 1 月,南京临时政府教育部颁布了《普通教育暂行课程标准》,使教育与社会发展的实际需要相结合。对于女子教育,教育部也曾给予高度重视,在其公布的暂行办法中，明确规定小学可以男女同校，并尽最大可能增加女子的入学率。

三、北洋政府时期的教育改革

北洋政府成立后，蔡元培继续出任教育总长，推行新式教育，直到1912年7月因不满袁世凯统治而主动辞职。北洋政府教育部在学制方面进行改革，于1912年9月颁布《学校系统令》，也称为“壬子学制”。次年北洋政府教育部继续完善相关学校法令，形成了“壬子癸丑学制”。这个学制已接近现代西方教育的学制。

北洋政府后又颁布一系列政策，对各类学校的目的、任务及课程设置等办学要素进行了详细的规定。此外，北洋政府还批准新办了一些工业、法律、商业专门学校和蒙回藏师范学校。

四、教育改革的成果

在南京临时政府教育部以及后来的北洋政府教育部的指导下，民国初年的教育事业获得了很大的发展。据不完全统计，1912年全国学校总数达到8.7万多所，各级各类学校在校学生总数接近300万人，其中高等学校达到122所。

第二部分　课后习题详解

1.民国初年的教育改革有何具体措施？

答：民国初年的教育改革提出了“五育并举”（军国民教育、实利主义教育、公民道德教育、世界观教育、美感教育）的教育方针，体现着强烈的反封建性。具体措施如下：

（1）《普通教育暂行办法通令》规定：从前的各种学堂一律改成学校；所有学校使用的教科书，凡违背共和宗旨、尊崇满清朝廷及旧时官制、军制的，一律禁用，由各书局自行修改；旧时的出身奖励一律废止，注重小学手工科，中学不实行分科教育。

（2）《普通教育暂行课程标准》规定：小学读经一科一律废止，初等小学的科目为修身、国文、算术、游戏、体操等，师范学校的科目为修身、教育、国文、外国语、历史、地理、数学、博物、理化、法制、经济、习字、图画、手工、音乐、体操等，并规定了各科目每周的教学时数。为女子增加家政及裁缝课程，个别地方还可因地制宜地增加合乎本地实际需要的诸如农、工、商等科目。

(3)《民国教育部官职令》规定教育部设普通、专门、实业、社会、礼教、蒙藏六个司。

(4)高等教育方面，南京临时政府教育部要求各高等院校必须参照共和国的原则，对旧的教育内容进行根本改造；旧时代的教科书，凡有碍民国精神及非各学校应授之科目的，都应一律废止，并且要求高等以上学校一律禁止读《大清会典》等书。

(5)明确规定小学可以男女同校，并鼓励和支持各地创办不同形式的诸如看护、师范、法政类的女校，尽最大可能增加女子的入学率。

(6)“壬子癸丑学制”规定，整个教育期限分为小学二级，中学、大学各一级，在横向上则分为普通教育、师范教育及实业教育三种，并规定可设立各级女校。此外，北洋政府教育部还批准新办了一些工业、法律、商业专门学校和蒙回藏师范学校。

2. 概述中国近代学制的演变过程。

答：(1)清末学制：①壬寅学制：1902 年清政府制定《钦定学堂章程》，因该年为农历壬寅年，故又称壬寅学制。这是中国近代由国家颁布的第一个规定学制系统的文件(未能付诸实行)。②癸卯学制：1903 年，清政府制定《奏定学堂章程》。因该年为农历癸卯年，故又称癸卯学制。这是中国近代由国家颁布的第一个在全国范围内推行的系统学制。

(2)民国学制：①壬子学制：1912 年，北洋政府颁布《学校系统令》，也称为壬子学制。②壬子癸丑学制：1913 年由北洋政府颁布，它是民国初期的中心学制，已接近现代西方教育的学制。③壬戌学制：1922 年的“新学制”。该学制依据我国青少年身心发展的特点来划分，这在中国近代学制发展史上是第一次。它是新文化运动在教育领域的一个积极成果，也是中国近代教育史上的一座里程碑。

第三部分　典型习题详解

一、填空题

1. 中国近代第一个在全国范围内颁布并推行的学制是________。

2. 南京临时政府任命________为教育总长。

【答案】

1. 癸卯学制　2. 蔡元培

二、选择题

1. 中国近代较早提出全面教育的著名教育家是(　　)。

A. 蔡元培　　B. 叶圣陶

C. 晏阳初　　D. 陶行知

2. 南京国民政府时期全国最高学术机构是(　　)。

A. 中央研究院　　B. 中国科学社

C. 中央博物院筹备处　　D. 北平研究院

3. 以下学制按颁布的先后顺序排列为(　　)。

①癸卯学制　②壬子学制　③壬寅学制　④壬戌学制

A. ②①③④　　B. ③①④②

C. ②④①③　　D. ③①②④

【答案】

1. A　2. A　3. D

第三十八章　五四新文化运动

第一部分　考点归纳

一、《新青年》的创办

1915 年 9 月，陈独秀在上海创办《青年杂志》，并在创刊号上发表《敬告青年》一文，提倡民主与科学，反对封建文化，揭开了新文化运动的序幕。《青年杂志》从第 2 卷起改名为《新青年》。

二、新文化运动

新文化运动的主要内容是提倡民主与科学，反对专制和愚昧，即以现代自然科学反对无知、迷信和神秘主义，争取民权和民主自由以反对专制独裁，提倡资产阶级民主思想和民主制度，反对一切封建旧思想和旧制度；提倡个性自由和个人发展，反对封建礼教；提倡新文学，反对旧文学，推行文学革命，发起白话文运动，即主张以白话文作为新文学的语言，为文章注入新内容、新思想，建设平易、通俗的新文学。

当新文化运动开展得如火如荼之时，俄国十月革命一声炮响，给中国送来了马克思主义。李大钊率先举起社会主义的大旗。1918 年，李大钊发表《法俄革命之比较》《庶民的胜利》《布尔什维主义的胜利》等文章。到新文化运动后期，传播马克思主义成为运动的主流。

三、五四运动

1. 定义

五四运动是五四新文化运动的重要组成部分，是思想文化启蒙运动在政治领域取得的成果。五四运动特指在新文化运动影响下，政治上觉醒了的青年学生于

1919 年 5 月 4 日带头发起的“外争主权,内除国贼”的爱国政治运动。

2. 经过

1919 年 5 月 4 日,北京爆发了学生示威游行,提出“外争国权,内除国贼”等的口号,随后天津、上海、广州等地的学生纷纷游行响应。6 月 5 日,上海爆发了有数十万工人参加的大罢工和游行支持学生运动,并于 6 月 6 日成立上海各界联合会,五四运动中心由北京转向上海,这标志着中国工人阶级登上政治舞台,成为运动的主力,这场爱国运动发展到了一个新阶段。在五四运动的推动下,一批具有初步共产主义思想的知识分子走上了与工人运动相结合的道路,马克思主义发展为新思潮的主流。

3. 意义

五四运动以彻底反帝反封建的革命性、追求救国强国真理的进步性、各族各界群众积极参与的广泛性,推动了民众在思想上的解放,推动了中国社会的进步,促进了马克思主义在中国的传播,促进了马克思主义与中国工人运动的结合,为 1921 年中国共产党的成立做了思想上、干部上的准备,为新的革命力量、革命文化、革命斗争登上历史舞台创造了条件,标志着新民主主义革命的开端,在近代以来中华民族追求民族独立和发展进步的历史进程中具有里程碑意义。

【真题回顾】1919 年 6 月 9 日《公言报》全面报道了“五四运动”,以下关于五四运动的说法正确的是(　　)。

A. 开启了近代思想的启蒙

B. 唤醒了民族意识并且为中共的成立奠定了基础

C. 为国共合作奠定了基础

D. 揭开了反帝反封建斗争的序幕

【答案】B

第二部分　课后习题详解

1. 五四新文化运动的主要内容有哪些?这对推动中国思想文化的革新有何意义?

答:(1)内容

前期:①提倡民主与科学,反对专制和愚昧。②提倡资产阶级民主思想和民主制度,反对一切封建旧思想和旧制度。③提倡个性自由和个人发展,反对封建礼教。④提倡新文学,反对旧文学,推行文学革命,发起白话文运动。

后期:主要宣传马克思主义。

(2)意义

①动摇了封建思想的统治地位,使封建思想遭到前所未有的冲击与批判,人们的思想得到空前的解放。②民主和科学思想得到弘扬。③启发了民众的民主主义思想,为五四运动的爆发做了思想准备。④后期传播马克思主义,启发了中国先进的知识分子拯救国家、改造社会和推进革命。⑤提倡白话文,有利于文化的普及和繁荣。

2. 概括李大钊在五四新文化运动期间的主要贡献。

答:李大钊在五四新文化运动期间的主要贡献就是将马克思主义引入中国:①他热情地宣传社会主义,发表《庶民的胜利》《布尔什维主义的胜利》等文章。②他主张学习俄国,改造中国,号召知识分子到工农群众中去做宣传和组织工作,培植革命力量。③1920 年,发起成立北京马克思主义学说研究会,领导成立北京共产主义小组,成为中国共产党创始人之一。④在北京大学和北京女子高等师范分别开设了与社会主义有关的课程,利用讲坛向学生宣传社会主义思想。

第三部分　典型习题详解

一、填空题

1. 在五四运动中,站在最前列,起了先锋作用的是________。

2. 新文化运动前期的指导思想是________。

3. 20 世纪 20 年代初,以________为旗帜的疑古思潮兴起,开始反思中国传统文化。

【答案】

1. 青年学生　2. 民权、平等和达尔文的进化论　3. 古史辨

二、选择题

1. 下列口号中,最能反映五四运动性质的是(　　)。

A. 外争国权,内惩国贼　　B. 废除“二十一条”

C. 誓死力争,还我青岛　　D. 拒绝在和约上签字

2. 五四运动是中国新民主主义革命的开端,最主要的依据是(　　)。

A. 彻底的反帝反封建的斗争

B. 无产阶级成为运动的主力

C. 是先进阶级领导的具有广泛群众基础

D. 十月革命的影响

3. 五四运动爆发的导火线是(　　)。

A. 帝国主义对中国侵略的加剧　　B. 北洋军阀的反动统治

C. 俄国十月革命的影响　　D. 巴黎和会上中国外交的失败

【答案】

1. A　2. B　3. D

三、简答题

为什么说五四运动标志着中国新民主主义革命的开端?

答:(1)五四运动是世界无产阶级革命的一部分。

(2)五四运动出现了以工人阶级为主力军的新力量。在运动中,中国工人阶级开始登上政治舞台,在后期发挥了主力军的作用。李大钊、陈独秀等先进知识分子指导和推动了运动的发展,并起了领导作用。

(3)五四运动具有以往革命所没有的彻底性和群众性。它"外争国权,内惩国贼",是一次彻底的、不妥协的反帝反封建的爱国运动。同时,运动具有广泛的群众基础。

五四运动是中国近代史上具有划时代意义的事件,是以中国无产阶级为领导的、工农联盟为基础的、人民大众的、反帝反封建的革命,即新民主主义革命的开端。

第三十九章　近代中国民族资本主义的产生与发展

第一部分　考点归纳

一、民族资本主义的产生

1. 原因

中国民族资本主义是在外国资本主义入侵中国以后，中国开始沦为半殖民地半封建社会的情况下产生的。

2. 状况

19 世纪 60 年代，清政府的一部分洋务派官僚创办了一些近代工业企业，对民族资本主义的产生和发展起到了一定的推动和促进作用。19 世纪 60－70 年代，一部分华侨、地主、官僚、商人、买办开始投资近代工矿企业。当时的民族资本主义工业主要以机器缫丝业为主，其次是食品、火柴、印刷等，但发展困难。

二、民族资本主义的初步发展

1. 原因

甲午战争后，帝国主义掀起了瓜分中国的狂潮，民族危机空前严重。一些爱国人士发出了实业救国的呼声，出现了一个兴办工矿企业的浪潮。

2. 状况

这个阶段民族资本主义工业仍然以缫丝业为主，其次是面粉、纺织、日用消费品、食品等轻工业。但甲午战争后，外国在华直接经营企业，并向中国大量输入商品，控制中国市场，因而民族资本主义处境十分困难。

三、中国民族资本主义发展的短暂春天

1.原因

(1)辛亥革命推翻了清朝统治,建立了中华民国,在制度上为中国民族资本主义的发展创造了有利的条件。

(2)中华民国临时政府奖励发展实业,海外华侨也竞相投资国内工商业,反帝爱国运动抵制日货、提倡国货等,有力地推动了民族资本主义的发展。

(3)1914 年第一次世界大战爆发,西方列强暂时放缓了在中国的经济扩张步伐,国内市场的需求为民族工业的发展提供了契机。

(4)由于西方主要国家忙于战争,其国内的商品需求也无法获得充分的满足,这在某种程度上为中国的某些轻工业商品进入世界市场提供了客观条件。

2.状况

所谓民族工业的发展,主要是指轻工业方面,特别是棉纺织业、火柴业、面粉业、卷烟业发展迅猛。发展过程中,也出现了盲目扩张、不重视资本积累、经营管理不善、科技含量较低等问题。而工业的其他门类,尤其是交通、制造、矿产开采、钢铁冶炼等重工业方面在这一时期并没有多大发展,中国经济并没有从根本上摆脱对外国资本和技术的依赖。第一次世界大战结束后,欧洲列强卷土重来,不断在华进行经济扩张,对中国民族资本主义的发展造成了严重影响,尤以面粉业、棉纺织业受到的冲击最大,整个中国民族工业又迅速萧条。

第二部分 课后习题详解

1.第一次世界大战期间中国经济发展的表现有哪些?

答:(1)好的一面:出现了一个兴办工矿企业的浪潮。这个阶段的民族资本主义工业仍然以缫丝业为主,其次是面粉、纺织、日用消费品、食品等轻工业。中国的银行资本增多,银行总数剧增,其中商业银行成为金融业发展的主流。

(2)不足的一面:①民族工业的发展,主要是轻工业方面的发展,特别是棉纺织业、火柴业、面粉业、卷烟业发展迅猛。②在发展过程中,出现了盲目扩张、不重视资本积累、经营管理不善、科技含量较低等问题。③工业的其他门类,尤其是交通、制造、矿产开采、钢铁冶炼等重工业方面在这一时期并没有多大发展,中国经济并没有从根本上摆脱对外国资本和技术的依赖。④第一次世界大战结束后,欧洲列强卷土重来,不断在华进行经济扩张,对中国民族资本主义的发展造成了严重影

响，尤以面粉业、棉纺织业受到的冲击最大，整个中国民族工业又迅速萧条。

2. 谈谈张謇的主要贡献。

答：(1) 倡导“实业救国”，1899 年在南通建成大生纱厂。张謇认为，发展实业应该“听之民办”，重点要放在纺织和钢铁工业上。

(2) 提倡在不损害民族权益的前提下，引进外资。

(3) 热心教育事业和立宪事业，1903 年在南通创办通州师范学校，1905 年参与创办复旦公学，并积极呼吁清政府实行立宪制，1909 年任江苏谘议局议长，1910 年发起国会请愿运动。

第三部分　典型习题详解

一、填空题

1. 荣宗敬、荣德生两兄弟被称为“________”；刘鸿生有“________”之称。

2. 四行二局是国民政府直接控制的六大金融机构，其中“二局”是________和________。

【答案】

1. 面粉大王　中国火柴大王　2. 中央信托局　邮政储金汇业局

二、选择题

1. 下列不属于南京国民政府时期的“四行二局”中“四行”的是(　　)。

A. 中央银行　　B. 中国银行　　C. 交通银行　　D. 中国工商银行

2. 一战期间，中国资本主义的发展出现了一个“短暂的春天”，这从根本上说明(　　)。

A. 辛亥革命为资本主义发展创造了条件

B. 列强侵略是中国资本主义发展的主要障碍

C. 欧洲战争提供了极大商机

D. 资本主义在中国有很大发展潜力

【答案】

1. D　2. B

三、简答题

简述民族资本主义在中国近代历史发展进程中的地位和作用。

答:在近代中国经济结构多元化的格局中,民族资本主义经济代表着中国经济近代化的进步方向。

作为一种新的经济因素,其产生和发展有利于社会进步。它直接促进了民族资产阶级的产生,为维新变法和辛亥革命提供了社会基础。

辛亥革命后,民族资本主义工业的迅速发展使得中国产业工人的人数急剧增加,成为不可忽视的社会力量,为后来新民主主义革命的到来和中国共产党的成立准备了阶级条件。

近代民族资本主义尽管具有顽强的生命力,但因面临国内外各种因素的干扰而发展艰难,始终没有成为近代中国社会经济的主导形式,其发展的最大障碍是列强的侵略。因此,民族独立是国家富强的政治前提。

第四十章　中国共产党的诞生与国民大革命

第一部分　考点归纳

一、中国共产党的诞生

1. 背景

1920 年年初，陈独秀和李大钊最早提出并推动在中国建立共产党。8 月，他们在上海发起成立了中国共产党早期组织，10 月，在北京建立了共产党小组。武汉、长沙、济南、广州等地也相继建立了共产党的早期组织。

2. 中国共产党第一次全国代表大会

1921 年 7 月 23 日，中国共产党第一次全国代表大会在上海召开。大会确定党的名称为“中国共产党”，规定党的纲领。大会决定今后党的中心工作是组织工人阶级，领导工人运动。大会还成立了党的中央机构并选举陈独秀为书记。

3. 中国共产党诞生的意义

中国共产党的诞生，是一个开天辟地的大事，给灾难深重的中国人民带来了光明和希望。中国共产党的诞生，使中国革命有了坚强的领导力量。自从有了中国共产党，中国革命有了正确的前进方向，中国人民有了强大的凝聚力量，中国命运有了光明的发展前景。从此，中国革命的面貌焕然一新。

4. 中国共产党第二次全国代表大会

1922 年 7 月 16 日至 23 日，中国共产党第二次全国代表大会在上海举行。大会通过的宣言实际上制定了中国共产党的最低纲领和最高纲领。

二、国民大革命

1. 国共第一次合作

1923 年，中国共产党第三次全国代表大会通过决定后与中国国民党合作。

1924年,孙中山在广州主持召开有共产党员参加的中国国民党第一次全国代表大会,重新解释了三民主义,称之为新三民主义。大会实际上通过了联俄、联共、扶助农工三大政策,这标志着第一次国共两党合作正式形成,也标志着以国共合作为特征的革命统一战线的建立,加速了中国革命的进程,轰轰烈烈、席卷全国的以"打倒列强,除军阀"为目标的国民大革命开始了。

2. 北伐战争

1926年,国民政府决定北伐,消灭帝国主义支持的北洋军阀吴佩孚、孙传芳和张作霖三派势力。1927年初,国民政府由广州迁往武汉。宁汉合流后,国民革命军继续北伐,于1928年攻入北京北洋政府宣告结束,南京国民政府宣布北伐告成。1928年12月,张学良宣布东北易帜服从国民政府领导,南京国民政府在形式上统一了全国。

3. 四一二反革命政变

1927年4月12日晨,大批冒充工人纠察队的青洪帮流氓在上海市区向工人纠察队发起全面进攻,双方发生激战。后蒋介石的军队借口调解工人内讧,用武力和欺骗的手段强行收缴工人纠察队的武器,占领了上海总工会,史称"四一二反革命政变"。

4. 七一五反革命政变

1927年7月15日,汪精卫在武汉发动七一五反革命政变,大肆反共,第一次国共合作正式破裂,轰轰烈烈的国民革命失败。

5. 宁汉合流

1927年9月,武汉国民政府迁往南京,国民党内部完成统一,史称"宁汉合流"。同年12月,张学良宣布东北易帜,服从国民政府领导,南京国民政府在形式上统一了全国。

第二部分　课后习题详解

1. 中国共产党的诞生有何重大意义?

答:(1)中国共产党的诞生,是一个开天辟地的大事,给灾难深重的中国人民带来了光明和希望。

(2)中国共产党的诞生,使中国革命有了坚强的领导力量。

(3)自从有了中国共产党,中国革命有了正确的前进方向,中国人民有了强大的凝聚力量,中国命运有了光明的发展前景。从此,中国革命的面貌焕然一新。

2.国民大革命失败的原因有哪些?

答:(1)反动力量过于强大,超过了有组织的革命力量。自1927年年初以来,帝国主义、封建势力、买办阶级和其他一切反动派联合起来,向革命力量进攻。汪精卫、蒋介石相继背叛革命,以帝国主义为靠山,并和各色反革命势力相勾结,残酷镇压革命。

(2)陈独秀坚持右倾投降主义路线,不努力扩大自己的队伍,而只依仗其暂时的同盟者国民党。当国民党背叛革命时,革命陷于失败就成为不可避免的事。

(3)这一时期,中国共产党还处于幼年期,党在统一战线、武装斗争和党的建设等一些根本问题上都没有经验,对于中国革命的实践还没有完整的、统一的了解。

第三部分　典型习题详解

一、填空题

1. 1921年,中共一大在________召开,标志着中国共产党的诞生。

2. 1923年________召开,通过了中共与中国国民党合作的决定。

3. 1924年,孙中山在广州主持召开国民党第一次全国代表大会,确立了________、________、________的三大政策,标志着国共合作的形成。

4. 为了反帝反封建,打倒北洋军阀,1926年7月,国民政府出师北伐,北伐的主要对象是________、孙传芳、张作霖。

5. 1927年________在武汉发动了七一五反革命政变,标志着第一次国共合作的全面破裂,国民革命失败。

6. 第一次国共合作的政治基础和共同纲领是________。

7. 第一次国共合作采取了共产党员以个人身份加入国民党的"党内合作"方式,最早提出这种方式的是共产国际代表________。

【答案】

1.上海　2.中共三大　3.联俄　联共　扶助农工　4.吴佩孚　5.汪精卫　6.新三民主义　7.马林

二、名词解释

新三民主义

答:新三民主义是孙中山对其“三民主义”思想作出的最后修正,于1924年在国民党第一次全国代表大会上提出。新三民主义在民族、民权、民生三个方面都有了新的发展,它以反帝国主义为目标,主张普遍平等的民权,提出了平均地权和节制资本的办法,与旧三民主义相比,有了质的飞跃。新三民主义是孙中山晚年联俄、联共、扶助农工的思想的体现,同中国共产党在民主革命阶段的纲领是基本一致的,因而它成为第一次国共合作的政治基础和大革命时期的旗帜,这是孙中山在开拓完全意义上的近代民族民主革命道路上迈出的崭新的一步。

三、简答题

简述中国共产党成立的历史条件。

答:(1)思想基础:五四运动前后马克思主义在中国传播。

(2)阶级基础:无产阶级队伍的不断壮大和工人运动的发展。

(3)骨干基础:中国一批具有初步共产主义思想的知识分子,如李大钊、毛泽东、邓中夏、蔡和森、周恩来等,是中国共产党的缔造者。

(4)组织基础:各地共产主义小组的建立,在组织上、干部上为中国共产党的成立打下了基础。

第四十一章　近代科学研究事业的发展

第一部分　考点归纳

一、西方书籍的翻译

对西方书籍的大规模翻译从19世纪60年代的洋务运动开始。广学会、京师同文馆、江南制造总局翻译馆等都是当时重要的出版机构。

江南制造总局翻译馆对近代西方科技的引进具有举足轻重的作用。李善兰翻译的《几何原本》《代数学》《代微积拾级》，徐寿翻译的《化学鉴原》《西艺新知》，华蘅芳翻译的《代数术》《微积溯源》《决疑数学》等，在一定程度上促进了中国近代科学的进步和发展，开阔了国人的眼界。

二、科研机构的建立

1. 中国化学会欧洲支部

1907年，留学欧洲的李景镐、曹志在巴黎成立中国化学会欧洲支部，是目前为止所知的成立最早的中国科学团体。

2. 中国地学会

1909年，张相文等在天津发起成立专业的地理学术团体——中国地学会，次年出版《地学杂志》。1905年，著名铁路专家詹天佑主持修建了京张铁路。1909年该铁路建成通车，成为中国人自行设计的第一条铁路。著名飞机设计师冯如于1908年在美国研发飞机并试飞成功，1909年在广州成立了广东飞行器公司。

3. 中国科学社

1914年6月，留学美国的任鸿隽、胡适等在美国发起成立中国科学社，并集资出版《科学》月刊。这是中国第一家自然科学刊物。1922年，中国科学社成立生物研究所,这是中国民间学术团体创办的第一个研究所。

4.地质调查所

1916年,农商部成立地质调查所,标志着民国时期政府组织有计划的科学研究的开始。

5.中央观象台

1912年,北洋政府教育部在北京设立了中央观象台,这是官方的天文机构。最初只设历书一科,主要负责每年历书的编纂,推广使用公历。

三、新式教育的推动

1927年7月,国民政府公布中华民国大学院组织条例,规定大学院之下设立中央研究院。1928年,中央研究院脱离与大学院的隶属关系,改为国立研究院,研究机构的设置也有所调整。中央研究院还设立院评议会,作为全国最高学术评议机关,负责联络国内各研究机构,讨论重要科研问题,组织中外学术交流与合作。

1928年6月,中央研究院在南京正式成立。

第二部分　课后习题详解

1.近代中国引进西方科技的途径有哪些?

答:(1)通过书籍学习西方科技。19世纪60年代的洋务运动开始大规模翻译西方书籍,此后翻译书种类日渐丰富,科学书籍也被大量翻译和出版。

(2)留学生的推动与科研团体和科研机构的建立。1907年,留学欧洲的李景镐、曹志在巴黎成立中国化学会欧洲支部,是目前为止所知的成立最早的中国科学团体。1909年,张相文等成立专业的地理学术团体——中国地学会。中华民国成立后,中国科学家按照不同的专业相继成立了中国科学社、中国工程师学会、中国工程学会、中国化学会等专门性的研究机构。

(3)新式教育的推动。政府和社会各界创办的各种新式书院或学校,对西方科技的引进起到了直接的推动作用。

2.中央研究院的组织机构是如何设置的?

答:(1)1927年7月,国民政府公布中华民国大学院组织条例,规定大学院之下设立中央研究院。11月,筹备委员会通过中央研究院组织条例,确定中央研究院为全国最高科学研究机构,并议决下设理化实业研究所、地质研究所、观象台及社会科学研究所等。大学院院长蔡元培兼任中央研究院院长。

(2)1928 年，中央研究院脱离与大学院的隶属关系，改为国立研究院，继续聘任蔡元培为院长，并对研究机构的设置进行了调整。中央研究院设立的院评议会，作为全国最高学术评议机关，负责联络国内各研究机构，讨论重要科研问题，组织中外学术交流与合作。

(3)1928 年 6 月，中央研究院在南京正式成立。中央研究院成立后，在蔡元培的主持下，多方网罗人才，并根据需要与可能适时增设新的研究所，广泛联系国内各研究机构和大学，努力加强与国外的学术交流，推动中国科学研究事业健康、稳步地发展，提高了中国在国际科学界的地位。

第三部分　典型习题详解

一、填空题

1. 目前为止所知的成立最早的中国科学团体是________。

2. 南京国民政府时期全国最高学术结构是________。

【答案】

1. 中国化学会欧洲支部　2. 中央研究院

二、选择题

1. 下列译著作者不是李善兰的是(　　)。

A.《代数术》　B.《几何原本》　C.《代数学》　D.《代微积拾级》

2. 中国第一条自行设计修建的铁路是在(　　)。

A. 洋务运动期间　B. 戊戌变法期间

C. 清末新政期间　D. 辛亥革命期间

【答案】

1. A　2. C

第四十二章　废除不平等条约运动

第一部分　考点归纳

一、废除不平等条约运动

1. 中苏协议

1924年5月31日中苏两国签订《中俄解决悬案大纲协定》及《暂定管理中东铁路协定》。苏联政府同意中国赎回中东铁路及其所属一切财产,并将该路一切股票、债票移归中国。中东铁路的前途,只取决于中苏两国,不许第三者干涉。此后,苏联政府还与实际控制东北的张作霖签署了奉俄协定,再次确认了上述有关中东铁路的协定。

2. 中苏协议签订的意义

中苏两国政府就历史悬案所达成的协议与谅解,虽然没有完全解决中苏两国历史遗留的全部问题,但毫无疑问的是,这些协议与谅解严重地打击了西方列强强加给中国的整个不平等条约体系,极大地鼓舞了中国人民彻底废除西方列强强加给中国的一切不平等条约的斗志。

二、收回租界运动

随着北伐战争的顺利进行,工人运动空前高涨,要求废除不平等条约的呼声越来越高。1927年1月9日,武汉工人和市民举行声势浩大的示威游行,解除了租界内的一切武装。同日,中央临时联席会议决定设立汉口英租界临时管理委员会,以外交、财政、交通三部部长为委员,外交部部长为主席,正式接管了租界。1927年1月10日,国民政府下令设立九江英租界临时管理委员会,接管了租界。汉口、九江英租界的相继收回,极大地促进了全国反帝运动的开展。

1927 年 2 月 19 日，双方签订中国收回汉口英租界的协定，第二天又签订了中国收回九江英租界的协定。英国政府正式将汉口、九江英租界交还给中国。

三、改订新约运动

1. 概述

1928 年，南京国民政府为了制造对外“自主”的形象，同时扩大税源，围绕实现关税自主和废除领事裁判权，发起了“改订新约运动”。这场运动主要集中于关税自主和废除领事裁判权两项，恢复了我国长期丧失的主权，减少了一些帝国主义在我国长期享有的特权，否认了领事裁判权的合法性，增加了国家关税的收入，在客观上反映了人民的愿望，具有一定的积极意义。但这场运动又很不彻底，有关废除领事裁判权的规定，实质是一纸空文。

2.《关于重订新条约之宣言》

1928 年 7 月，国民政府外交部发布《关于重订新条约之宣言》称，中华民国与各国间的条约，已届期满者，废除旧约，另订新约；尚未期满者，以正当之手续解除另订；旧约已满新约未订者，另订临时办法处理一切。

【真题回顾】1928 年 6 月，国民政府发表对外宣言，发起改订新约运动，主要诉求是(　　)。

①扩充内战军费；　　②发展中美贸易

③要求列强承认中国关税自主权；　　④提升中国国际地位

A. ②③④　　B. ①③④

C. ①②③　　D. ①②④

【答案】B

第二部分　课后习题详解

1. 中国与苏俄(苏联)是如何处理不平等条约的?

答:(1)苏维埃政府于 1919 年 7 月 25 日郑重发表《俄罗斯苏维埃联邦社会主义共和国政府对中国人民和中国南北政府的宣言》。

(2)1920 年 9 月，苏俄政府第二次发表对中国政府宣言，重申苏俄政府解决中俄历史遗留问题的诚意。

(3)1922 年 9 月，苏俄政府在第三次对华宣言中称，关于苏俄使用中东铁路一事，由中俄两国重新签订条约。

(4)1923 年 9 月,苏联政府派出的以加拉罕为代表的外交使团抵达北京,与中国政府代表王正廷谈判。几经波折,两国政府于 1924 年 5 月 31 日签订《中俄解决悬案大纲协定》及《暂定管理中东铁路协定》。

(4) 中苏两国政府就历史悬案所达成的协议与谅解,虽然没有完全解决中苏两国全部的历史遗留问题,但毫无疑问,这些协议与谅解严重地打击了西方列强强加给中国的整个不平等条约体系,极大地鼓舞了中国人民彻底废除西方列强强加给中国的一切不平等条约的斗志。

2. 南京国民政府是如何进行改订新约运动的?

答:1928 年 6 月 15 日,南京国民政府发表对外宣言,要求各国遵照正当的手续,本着平等及相互尊重主权的宗旨,通过谈判重订新约。7 月初,南京国民政府外交部发布《关于重订新条约之宣言》称,中华民国与各国间的条约,已届期满者,废除旧约,另订新约;尚未期满者,以正当之手续解除另订;旧约已满新约未订者,另订临时办法处理一切。此后,改订新约运动便大张旗鼓地开展起来。1928 年 7 月,首先订立了《中美两国关税条约》,与挪威、比利时、意大利、丹麦、葡萄牙、荷兰、英国、瑞典、法国、西班牙、日本等国缔结了"友好通商条约"或新的关税条约。

第三部分　典型习题详解

一、填空题

1. 1928 年南京国民政府外交部发布《关于重订新条约之宣言》后,________首先与中国签订关税条约。

2. 1927 年 2 月 19 日和 20 日,面对声势浩大的群众反帝运动,英国政府不得不作出让步,分别与武汉国民政府签署协定,将________、________的租界交还中国。

【答案】

1. 美国　2. 汉口　九江

二、选择题

1. 国民政府的北伐后,中国人民的反帝斗争取得了巨大的胜利,1927 年,武汉国民政府从(　　)手中收回了租界。

A. 英国　　B. 法国　　C. 苏联　　D. 日本

2. 以下关于国民政府的改定新约运动，不符合史实的是(　　)。

A. 改定新约运动在一定程度上恢复了我国作为主权国家的地位

B. 改定新约运动废除了所有的不平等条约，是我国外交史上的一件大事

C. 改定新约运动，并没有从根本上取消帝国主义的在华特权，因此不能说是完全成功的

D. 改定新约运动是在南京国民政府的领导与推动下完成的

【答案】

1. A　2. B

第四十三章　中国共产党开辟革命新道路

第一部分　考点归纳

一、工农武装起义

1.南昌起义

1927 年 8 月 1 日,在以周恩来为书记的中共中央前敌委员会的领导下,贺龙、叶挺、朱德、刘伯承等率领革命军在南昌起义,并迅速占领南昌城。

南昌起义打响了武装反抗国民党反动派的第一枪,是中国共产党独立领导武装斗争和创建人民军队的开始。

2.八七会议

1927 年 8 月 7 日,中共中央在湖北汉口召开紧急的会议。会议纠正了国民革命后期陈独秀的右倾机会主义错误,确定了开展土地革命和武装反抗国民党反动派的总方针,决定发动秋收起义。针对国民革命失败的惨痛教训,毛泽东在会上提出"以后要非常注意军事。须知政权是由枪杆子中取得的"重要论断。八七会议给中国共产党和中国革命指明了新的出路,使中国革命开始走向土地革命阶段。

3.湘赣边秋收起义

八七会议后,中共派出许多干部分赴各地,组织发动武装起义。毛泽东回到湖南,整编工农革命军第一师,组织领导湘赣边秋收起义。起义军以攻打中心城市长沙为目标,但由于敌人势力强大,起义军损失严重。毛泽东命令起义军退到文家市,他根据敌强我弱的形式,决定放弃夺取长沙的计划,改向敌人统治力量薄弱的山区进军。

4.广州起义

1927 年 12 月 11 日,张太雷、叶挺、恽代英、叶剑英等领导发动了广州起义。起义军一度占领广州,成立苏维埃政府,颁布维护工农权益的法令,但由于敌我力量对比悬殊，起义最终失败。

二、创建农村革命根据地

1.井冈山革命根据地

1927 年 10 月，毛泽东率领工农革命军到达井冈山地区。他领导井冈山军民开展游击战争，进行土地革命，建立工农民主政权。经过近半年的艰苦努力，创建了第一个农村革命根据地。

2.中华苏维埃第一次全国代表大会

1931 年 11 月，中华苏维埃第一次全国代表大会在江西瑞金召开。会议宣布中华苏维埃共和国临时中央政府成立，制定了宪法大纲，定都瑞金。会议选举毛泽东为临时中央政府主席，朱德为中央革命军事委员会主席。

3.土地革命

中国共产党在各农村革命根据地逐步开展土地革命，组织农民打土豪、分田地，废除封建剥削和债务，满足农民的土地要求。1931 年春，毛泽东总结土地革命的经验，制定土地革命路线：依靠贫农、雇农，联合中农，限制富农，保护中小工商业者，消灭地主阶级，变封建半封建的土地所有制为农民的土地所有制。

4.革命根据地的经济建设

根据地军民组织耕田队、劳动互助社等，开展互助合作，兴修水利，开垦荒地，把农业生产放在第一位。同时，还兴办一批工业企业，包括军需工厂和民用工业企业。革命根据地的经济建设粉碎了国民党的经济封锁，支持了革命战争，巩固了红色政权。

三、“围剿”与反“围剿”斗争

从 1930 年开始，蒋介石调集重兵，重点对中央革命根据地和毛泽东、朱德率领的红一方面军发动大规模“围剿”。红军打破了敌人的四次“围剿”。1933 年 9 月，蒋介石调集 100 万兵力，发动第五次“围剿”。由于以博古、李德为代表的中共中央犯了“左”倾错误，结果红军奋战一年，损失惨重。

四、红军长征

1.开始长征

1934 年 10 月，第五次反“围剿”失利，中共中央和中央红军 8 万余人被迫实行战略转移,开始长征。

2. 遵义会议

1935 年 1 月,中共中央在遵义召开政治局扩大会议,集中全力解决当时具有决定意义的军事和组织问题。会议集中全力纠正了博古等人在军事上和组织上的"左"倾错误,增选毛泽东为中央政治局常委。3 月中旬,成立由毛泽东、周恩来、王稼祥组成的三人小组,由其负责全军的军事行动。

意义:遵义会议确立了以毛泽东为主要代表的马克思主义正确路线在党中央的领导地位,从而在极其危急的情况下挽救了党、挽救了红军、挽救了中国革命,这是中国共产党由幼年的党走向成熟的党的重要标志,是党的历史上一个生死攸关的转折点。

3. 长征的胜利

1935 年 10 月,中央红军(8 月恢复红一方面军番号)与陕北红军在吴起镇会师。1936 年 10 月,红二方面军、红四方面军同红一方面军在甘肃会宁会师,宣告长征胜利结束。

意义:中国工农红军长征的胜利,是中国革命转危为安的关键。长征的胜利,宣告了国民党围追堵截的破产,粉碎了张国焘分裂红军的阴谋,实现了红军的战略大转移,宣传了中国共产党的主张,在沿途播下了革命的种子,鼓舞了广大人民群众,打开了中国革命的新局面。

第二部分　课后习题详解

1. 中国共产党是如何建设农村革命根据地的?

答:(1)中国共产党在各农村革命根据地逐步开展土地革命,组织农民打土豪、分田地,废除封建剥削和债务,满足农民的土地要求。1931 年春,毛泽东总结土地革命的经验,制定土地革命路线:依靠贫农、雇农,联合中农,限制富农,保护中小工商业者,消灭地主阶级,变封建半封建的土地所有制为农民的土地所有制。土地革命及其路线,受到广大农民的欢迎。

(2)中国共产党还领导根据地军民进行经济建设。根据地军民组织耕田队、劳动互助社等,开展互助合作,兴修水利,开垦荒地,把农业生产放在第一位。同时,还兴办一批工业企业,包括子弹厂、被服厂等军需工厂和盐厂、糖厂、纺织厂等民用工业企业。革命根据地的经济建设粉碎了国民党的经济封锁,支持了革命战争,巩固了红色政权。

2.简要分析红军长征的意义。

答:(1)中国工农红军长征的胜利,是中国革命转危为安的关键,长征粉碎了蒋介石扼杀中国革命的企图,使中国革命转危为安。

(2)长征的胜利,宣告了国民党围追堵截的破产,粉碎了张国焘分裂红军的阴谋,实现了红军的战略大转移,宣传了中国共产党的主张,在沿途播下了革命的种子,鼓舞了广大人民群众,打开了中国革命的新局面。

(3)实现了我党北上抗日的总方针。

(4)通过长征也确立了毛泽东同志在党内的领导地位,确立了毛泽东军事思想、政治思想的指导地位。

(5)长征这一人类历史上的伟大壮举,留给我们最可宝贵的精神财富,就是中国共产党人和红军将士用生命和热血铸就的伟大长征精神。伟大长征精神,是中国共产党人及其领导的人民军队革命风范的生动反映,是中华民族自强不息的民族品格的集中展示,是以爱国主义为核心的民族精神的最高体现。

第三部分　典型习题详解

填空题

1.1927年8月1日,周恩来、________领导共产党发动南昌起义,打响了武装反抗国民党反动统治的第一枪,标志着中共独立领导武装斗争和创建人民军队以及武装夺取政权的开始。

2.1934年10月,________失败,红军被迫进行长征。

3.1935年,在长征途中,中共召开了________,结束了“左”倾错误在中央的统治,确立了以毛泽东为主要代表的马克思主义正确路线在党中央的领导地位。

4.确立中国共产党对军队的绝对领导的事件是________。

5.中国革命必须分民主革命和社会主义革命两步走的理论的提出是在________(会议)。

6.在1931年毛泽东制定的土地革命路线中,对富农的政策是________。

【答案】

1.贺龙　2.第五次反“围剿”　3.遵义会议　4.三湾改编　5.中国共产党第二次代表大会　6.限制富农

第四十四章　日本帝国主义的武装入侵

第一部分　考点归纳

一、九一八事变

日本关东军在制造了一系列摩擦之后，于 1931 年 9 月 18 日炸毁沈阳北郊柳条湖附近的南满铁路，然后贼喊捉贼，反诬中国军队破坏铁路、袭击日军，并借此根本不存在的理由公然进攻沈阳和北大营，从而发动震惊世界的"九一八事变"。

二、抗日救亡运动的兴起

在民族危机严重的关头，中国共产党率先高举起武装抗日的旗帜。1931 年 9 月 20 日，中共中央发表《中国共产党为日本帝国主义强暴占领东三省事件宣言》，反对日本帝国主义强占东三省。11 月 27 日，中华苏维埃共和国临时中央政府发表对外宣言，号召全国人民动员起来、武装起来，反对日本侵略和国民党的反动统治。

三、一・二八事变

1.一・二八事变

1932 年 1 月 28 日深夜，日军进犯上海闸北，但遭到了蒋光鼐、蔡廷锴指挥的第十九路军的勇猛抵抗。抗战月余，十九路军击毙或击伤日军万人以上，充分表现了中华民族不畏强暴、英勇抵抗的英雄气概。此即一・二八事变。

2.《淞沪停战协定》

在一・二八 事变后，经过英、美等国的调停，南京国民政府于 1932 年 5 月 5 日同日本侵略者签订《淞沪停战协定》。

四、华北事变

1.《塘沽协定》

1933年5月初，日军直逼平津，华北门户洞开，中华民族危在旦夕。5月31日，中日签订《塘沽协定》。《塘沽协定》不仅在实际上承认了日本侵占东三省及热河的合法性，而且承认冀东为非武装区，实际上是将冀东变成了第二个“伪满洲国”，也为后来形势的发展留下了巨大的隐患。

2.《何梅协定》

1935年5月初，东北抗日义勇军一部退至长城以南附近继续抗战。日本以中国军队援助该部、进入冀东非武装区，破坏了《塘沽协定》为由，向南京国民政府提出抗议，并调集大批日军入关，进行武力要挟。6月9日，日本天津驻屯军司令官梅津美治郎向北平军分会代理委员长何应钦提交了一份备忘录，这就是现代史上常说的《何梅协定》。

五、抗日民族统一战线策略的制定

1.《八一宣言》

1935年8月1日，为挽救日益严重的民族危机，中国共产党发表《为抗日救国告全体同胞书》，即《八一宣言》，号召“停止内战，一致抗日”。《八一宣言》建议成立国防政府，实行民主政治，释放一切政治犯；联合一切同情中国民族解放运动的国家；收复失地，没收日本在华财产及汉奸的财产作为抗日经费；废除苛捐杂税，整理金融，发展实业以改善民生等十大政纲。《八一宣言》强调，中华民族已经到了生死存亡的关头，抗日则生，不抗日则死。

2.一二・九运动

指发生在1932年12月9日和16日的两次学生游行示威行动。一二・九运动有力地推动了抗日民主运动的发展，在一定程度上还推动了西安事变的爆发和国民党内战政策的转变，为七七抗战和后来的全民族抗战运动做了思想上和人才上的准备。

3.瓦窑堡会议

1935年12月17日至25日，中共中央在瓦窑堡举行政治局扩大会议，会议分析了国内形势和阶级关系的新变化，讨论并确定了建立广泛的抗日民族统一战线的方针、政策和策略统一了党内思想,为即将到来的全民族抗战在政治上和理论上做了必要的准备。

六、和平解决西安事变

1.西安事变

1936年12月12日,张学良和杨虎城为了达到劝谏蒋介石改变“攘外必先安内”的既定国策,停止内战,一致抗日的目的,在西安发动兵谏,扣押蒋介石,逼蒋抗日。此即震惊中外、深深影响中国历史进程的“西安事变”。

2.和平解决

1936年12月24日,中共中央以中华民族利益的大局为重,独立自主地确定了和平解决西安事变的方针。根据这一方针,中共中央派周恩来为代表,奔赴西安,与张学良、杨虎城一起,同国民政府代表举行谈判。经过各方努力,西安事变和平解决,蒋介石被迫接受“停止内战、联共抗日”的主张,以国共合作为基础的抗日民族统一战线开始形成。

第二部分 课后习题详解

1.简要分析抗日救亡运动兴起的原因和特点。

答:(1)原因:九一八事变以后,中日之间的民族矛盾逐渐上升为主要矛盾。中国民众坚决要求反抗日本侵略,上海、天津、北平等城市的工人和学生纷纷以罢工、罢课、请愿、抵制日货等形式,掀起抗日爱国运动的热潮。民族资产阶级、上层小资产阶级和知识界上层人士发出了要求国民党当局抵抗日本、实行民主的呼声。海外侨团也纷纷致电国民政府,要求一致抗日。中国共产党率先高举起武装抗日的旗帜,发表《中国共产党为日本帝国主义强暴占领东三省事件宣言》,反对日本帝国主义强占东三省,号召全国人民动员起来、武装起来,反对日本侵略和国民党的反动统治。

(2)特点:抗日救亡运动与整个抗日战争相伴,并因政局和战局的变化呈现出明显的阶段性和阶段性特点。

2.西安事变为什么能和平解决?

答:西安事变是中国历史的重大转折点,事变的和平解决是各种力量相互作用的结果。

(1)当时正值日军全面侵华的前一年,日军侵华的步伐日益加快,为了保证中国能结束内战一致抗日,张学良、杨虎城两位将军选择了兵谏,其目的是促成蒋介石联共抗日。

(2)事变后,张、杨联合发表通电,提出了改组南京政府,停止一切内战等八项主张。

(3)中共为了联蒋抗日,致力于和平解决西安事变。事变发生后,周恩来到西安为和平解决此事作出了努力。

第三部分　典型习题详解

一、填空题

1. 1935年8月1日,中国共产党发表________,呼吁"停止内战,一致抗日",以便集中一切国力去为抗日救国的神圣事业而奋斗。

2. 九一八事变之后,日本打开入侵华北的门户的条约是________。

【答案】

1.《八一宣言》　2.《塘沽协定》

二、选择题

九一八事变后,国际联盟调查团主张"国际合作为最善之解决",其实质是(　　)。

A. 承认日本炮制的伪"满洲国"

B. 变东北三省为列强共同管辖的殖民地

C. 满足中国恢复东北三省原状的要求

D. 防止事态扩大,维护东亚和平

【答案】

B

三、简答题

1. 简述共产党为了争取抗战胜利而采取的措施。

答:共产党抗战措施有组织敌后抗日战争,配合国民党正面战场的作战。

(1)政治:①积极倡导建立抗日民族统一战线。②1937年8月中共中央召开洛川会议,制定全面抗战路线。③巩固抗日民族统一战线。④根据三三制原则,建设抗日民主政权。

(2)军事:①配合国民党正面战场取得平型关大捷。②八路军、新四军深入敌后,广泛开展独立自主的游击战争,建立抗日根据地,把敌人的后方变成抗日的前线。1937年陕甘宁革命根据地改称为陕甘宁边区。晋察冀根据地是第一个敌后根据地。

2.为什么说西安事变和平解决成为扭转时局的关键?

答:西安事变在共产党的协助下和平解决,蒋介石被迫接受停止内战、联共抗日的主张,迫使国民政府进行国共第二次合作,建立了抗日民族统一战线。它拉开了国共两党由内战到和平,由分裂对峙到合作抗日的序幕,因此成为扭转时局的关键。

第四十五章 全民族抗战

第一部分 考点归纳

一、全面抗战的开始

1. 七七事变

1937 年 7 月 7 日晚，驻北平丰台日军以卢沟桥为假想目标进行演习，蓄意挑起冲突。24 时，日军诡称演习中一名士兵“失踪”，要求北平地方当局允许日军进入宛平县城搜查。中国方面断然拒绝。此后不久，日军称失踪的士兵已归队，要求中国方面派员调查失踪原因。正当双方人员进行调查的时候，驻丰台日军提出中国军队撤出宛平县城的无理要求，随即向宛平县城开枪开炮，中国守军被迫迎战，坚决回击，全歼进犯卢沟桥日军百余人。史称七七事变(又称卢沟桥事变)。

2. 八一三事变

1937 年 8 月 13 日，日军舰队以重炮轰炸上海市中心，日军驻上海的海军陆战队向闸北、虹口、江湾的中国守军进攻，日本飞机也配合作战，向上海市区狂轰滥炸。中国军队奋起反击，这就是八一三事变。

3. 淞沪会战

淞沪会战是中日双方在抗日战争中的第一场大型会战。淞沪会战开始于 1937 年 8 月 13 日，双方共有约 100 万军队参战，会战持续了三个月，战斗惨烈。11 月中旬，上海沦陷，淞沪会战结束。同时，在中国军队的英勇还击下，日军付出了死伤 4 万余人的代价，“三个月亡华”的狂妄叫嚣被中国军队的抗战粉碎。

4. 国民革命军第八路军

1937 年 8 月 22 日，国民政府军事委员会正式宣布将红军主力改编为国民革命军第八路军(简称八路军)。8 月 25 日,中共中央革命军事委员会将红军前敌总指挥部改为八路军总指挥部,由朱德、彭德怀任正、副总指挥,叶剑英任参谋长,左权任副参谋长;红军总政治部改为八路军政治部,任弼时任主任,邓小平任副主任。

二、两条路线、两个战场

1. 洛川会议

1937 年 8 月 22 日至 25 日,中共中央在陕北洛川召开政治局扩大会议(即洛川会议)。会议通过《中共中央关于目前形势与党的任务的决定》。决定指出:中国的抗战是一场艰苦的持久战。争取抗战胜利的关键,在于使已经发动的抗战发展为全面的全民族的抗战。会议还通过了《中国共产党抗日救国十大纲领》,标志着中国共产党的全面抗战路线的正式形成,即必须充分地动员和依靠群众,才能坚持抗战和争取抗战的胜利。这一路线又被称为人民战争路线。

2. 徐州会战

1938 年年初,日军为了打通津浦铁路,连接华北与华中战场扩大侵略,采取南北对进的方针,夹击徐州。中国军队由第五战区司令长官李宗仁指挥,展开徐州会战。中国军队取得了台儿庄大捷和临沂大捷,在台儿庄消灭日军一万余人,是抗战以来取得的最大胜利。

三、沦陷区人民的反抗斗争

日军的大举进攻,使中国的大片领土沦为日本的占领区。日本在这些地方实行残暴的殖民统治,在政治、经济等领域实施了一系列犯罪行为。

1940 年 9 月 18 日,中共中央书记处对沦陷区城市工作进行全面部署,成立由周恩来负总责的中共中央敌后城市工作委员会,领导沦陷区党的工作。在中国共产党的领导下,沦陷区人民同日本侵略者展开针锋相对的斗争。沦陷区的工人以怠工、罢工等斗争形式,干扰和破坏敌人的部署。

四、抗战进入相持阶段

面对严峻复杂的形势,在国民党高层人士中开始弥漫悲观主义、失败主义的情绪。代表人物汪精卫,明确主张对日议和。汪精卫求和投降的行为遭到全国人民的唾弃和声讨。

1. 皖南事变

1939 年年初，国民党五届五中全会制定了“溶共”、“防共”和“限共”的反动方针。1941 年 1 月，国民党军队突袭围剿新四军，制造了震惊中外的“皖南事变”。

2. 百团大战

1940 年下半年，八路军组织 105 个团，约 20 万人，在华北发动了一次大规模对日作战，称为“百团大战”。百团大战历时 3 个半月，进行大小战斗 1,824 次，打击了日军的侵略气焰，提高了中国共产党和八路军的声威，增强了全国军民的抗战信心。

五、抗日战争的胜利

1. 中国共产党第七次全国代表大会

1945 年 4 至 6 月，中国共产党在延安召开了第七次全国代表大会。毛泽东在会上作《论联合政府》的政治报告，朱德作《论解放区战场》的军事报告，刘少奇作《关于修改党章的报告》，周恩来作《论统一战线》的重要讲话。大会提出党的政治路线是：“放手发动群众，壮大人民力量，在我党的领导下，打败日本侵略者，解放全国人民，建立一个新民主主义的中国。”大会确立毛泽东思想为党的指导思想，选举产生以毛泽东为首的中央委员会。这次大会为争取抗日战争的最后胜利和新民主主义革命在全国的胜利做了重要准备。

2. 日本投降

1945 年 8 月 15 日，日本宣布无条件投降。9 月 2 日，日本代表在投降书上签字，由国共两党合作的抗日战争至此胜利结束，世界反法西斯战争也胜利结束。10 月 25 日，台湾地区的受降仪式在台北举行。台湾及澎湖列岛从甲午战争后被迫与祖国分离 50 年，终于重归中国主权管辖之下。这成为抗日战争取得完全胜利的重要标志。

3. 抗日战争胜利的意义

中国抗日战争的胜利，是全国各族人民经过极其艰苦的斗争，付出了极大的代价取得的。在这场全民族团结抗战中，中国共产党始终坚持抗日民族统一战线，发挥了中流砥柱的作用。这一伟大胜利，为新民主主义革命的彻底胜利和新中国的创建奠定了坚实的基础。长达 14 年的抗日战争是近代以来中国反抗外敌入侵第一次取得完全胜利的民族解放战争。中国抗日战争是世界反法西斯战争的重要组成部分，对于欧洲和亚洲其他地区的反法西斯战争起到了战略配合的重要作用,为世界反法西斯战争胜利作出了重大贡献,显著提高了中国的国际地位和国际影响。

第二部分　课后习题详解

1.怎样看待正面战场与敌后战场的关系?

答:(1)抗日战争时期,国民党军队在正面抵抗日军是解放区战场得以开辟、坚持和发展的重要条件,而解放区战场坚持和发展的敌后战场又是国民党战场得以坚持下去的重要条件。

(2)两个战场相互配合、互为依存的关系一直贯穿整个抗日战争时期,客观上,这两个战场是一个密不可分的整体。

2.简要分析抗日战争胜利的原因和意义。

答:(1)原因:近代中国人民的反侵略斗争为抗日战争的胜利奠定了历史基础;②抗日民族统一战线的建立为抗日战争的胜利创造了前提条件;③在这场全民族团结抗战中,中国共产党始终坚持抗日民族统一战线,发挥了中流砥柱的作用;④世界反法西斯统一战线的形成是抗日战争胜利的国际原因;⑤抗日战争是中华民族抵抗外来侵略的战争,具有正义性。

意义:①中国抗日战争的胜利,为新民主主义革命的彻底胜利和新中国的创建奠定了坚实的基础;②长达14年的抗日战争是近代以来中国反抗外敌入侵第一次取得完全胜利的民族解放战争;③抗战胜利是国共两党合作、全体中国人民共同奋斗而取得的胜利;④中国抗日战争是世界反法西斯战争的重要组成部分,对于欧洲和亚洲其他地区的反法西斯战争起到了战略配合的重要作用,为世界反法西斯战争胜利作出了重大贡献,显著提高了中国的国际地位和国际影响。

第三部分　典型习题详解

一、填空题

1.1937年,中国军队同日本侵略者在上海及其周围地区的激战,史称________。

2.1940年,________指挥八路军在华北主动出击日军,取得百团大战的重大胜利。

3.抗日战争爆发后,国共两党实现第二次合作,正式建立________,共同抗日。

4. 抗日战争中，张自忠将军壮烈殉国的战役是________。

5. 1938 年 5 月，毛泽东针对当时的论调、情绪发表的两部军事论著是________和《抗日游击战争中的战略问题》。

6. 抗战初期，中国军队取得最大胜利的战役是________。

7. 1945 年，中共七大在延安召开，毛泽东作了报告，大会确立________为党的指导思想。

【答案】

1. 淞沪会战　2. 彭德怀　3. 抗日民族统一战线　4. 枣宜会战　5.《论持久战》　6. 台儿庄战役　7. 毛泽东思想

二、选择题

1. 在卢沟桥事变中奋起抵抗日军侵略的中国军队是(　　)。

A. 第十九路军　B. 西北军　C. 第二十九军　D. 东北军

2. 下列哪一项不是毛泽东在抗日战争期间的著作？(　　)

A.《论持久战》　B.《关于时局的声明》

C.《论联合政府》　D.《论反对日本帝国主义的策略》

3. 中共中央提出："坚持抗战、反对投降，坚持团结、反对分裂，坚持进步、反对倒退"三大口号，主要是针对(　　)。

A. 国民党顽固派制造皖南事变破坏抗战

B. 汪精卫集团公开叛国投敌成立伪政权

C. 近卫关于"建立东亚新秩序"的声明

D. 国民党五届五中全会前后的政策转变

4. 标志着国民政府自抗战以来，在政策上的重要转变的是(　　)。

A. 成立党政军一体化的国防委员会

B. 确定"溶共""限共""防共""反共"的方针

C. 设立专门的防共委员会

D. 召开五届五中全会

5. 第二次国共合作得以长期维持的主要经验是(　　)。

A. 以民族大义为重，对国民党反共摩擦予以理解

B. 始终保持中国共产党在统一战线中的绝对领导地位

C. 中国共产党在统一战线中以斗争求团结

D. 始终维护国民党在统一战线中的领导地位

6. 下列事件按因果关系排列顺序应该是(　　)。

①蒋介石反共倾向日益增长　　②日本对国民政府采取诱降政策

③日军侵华战线太长,兵力不足　　④蒋介石政策重心自抗日转向反共

A. ②③④①　　B. ③①②④　　C. ③②①④　　D. ②①③④

7. 1941 年旧历除夕,自诩是孙中山信徒的某君在南京的寓所贴出对联:"立民族民权民生之宏愿,开为党为国为民之大业。"气愤的人们在对联上略作修改:"立泯族泯权泯生之宏愿,开伪党伪国伪民之大业。"材料中某君指的是(　　)。

A. 张学良　　B. 段祺瑞　　C. 汪精卫　　D. 蒋介石

【答案】

1. C　2. B　3. D　4. D　5. C　6. C　7. C

三、简答题

简述中共"七大"的主要内容和意义。

答:1945 年 4 月 23 日至 6 月 11 日,中国共产党在延安召开第七次全国代表大会。

(1)主要内容

①毛泽东在会上作《论联合政府》的政治报告,朱德作《论解放区战场》的军事报告,刘少奇作《关于修改党章的报告》,周恩来作《论统一战线》的重要讲话。

②大会提出党的路线是:"放手发动群众,壮大人民力量,在中国共产党的领导下,打败日本侵略者,解放全国人民,建立一个新民主主义的中国。"

③大会确立毛泽东思想为党的指导思想,选举产生以毛泽东为首的中央委员会。

④这次大会为争取抗日战争的最后胜利和新民主主义革命在全国的胜利做了重要准备。

(2)意义

①中共七大是中国共产党成立以来最盛大的一次代表大会。

②大会制定了正确的路线、纲领和策略,克服了党内的错误思想,从而使全党在马克思列宁主义、毛泽东思想的基础上达到了空前的团结。

③这次大会为党领导人民去争取抗日战争的胜利和新民主主义革命在全国的胜利,奠定了政治上、思想上和组织上的基础。

第四十六章　抗战前后的文学艺术

第一部分　考点归纳

一、抗日文化团体的建立

1. 抗日文化团体

1937 年 7 月 28 日，上海文化界救亡协会成立。翌年 3 月 27 日，中华全国文艺界抗敌协会在汉口成立，这是第一家全国性的文化界救亡团体。紧接着，各专门性的全国文艺团体如中华全国电影界抗敌协会、中华全国戏剧界抗敌协会、中华全国美术界抗敌协会、中华全国音乐界抗敌协会等纷纷成立。它们共同的宗旨就是利用自己的专长，发动群众，捍卫祖国，粉碎敌寇，争取抗战的胜利。

2. 刊物

在文协以及各专门团体的领导下，全国各地相继成立了一些分会组织，并很快创刊出版了《抗战文艺》《笔阵》《文化岗位》《文艺阵地》《抗战》《战时联合旬刊》《文艺战线》等百余种刊物。而中共直接领导的《新中华报》《新华日报》《解放》《群众》《中国文化》等，更为旗帜鲜明，充分发挥了进步文化界鼓励人民坚持抗战的决心。

二、抗战文化浪潮高涨

1. 文学

深入前线的作家和记者，在抗战时期创作出许多优秀作品，如范长江的《台儿庄血战经过》、碧野的《太行山边》、骆宾基的《救护车里的血》、茅盾的《第一阶段的故事》、张天翼的《华威先生》、姚雪垠的《差半车麦秸》、萧乾的《刘粹刚之死》等。赵树理创作的《小二黑结婚》《李有才板话》等，不仅真实地反映了根据地人民在中国共产党领导下的幸福生活,而且在艺术上达到很高的境界。

2.诗歌

艾芜的《我怀念宝山的原野》、王统照的《上海战歌》、靳以的《火中的孤军》、柯仲平的《边区自卫军》、田间的《给战斗者》、艾青的《向太阳》、老舍的《剑北篇》等,或燃烧着对侵略者的深仇大恨,或歌颂人民不畏强暴、英勇奋斗的顽强精神。

3.音乐

一批著名的音乐家如冼星海、吕骥、张曙、贺绿汀等创作了一大批令人难忘的战歌,如《武装保卫山西》《到敌人后方去》《在太行山上》《歌八百壮士》《游击队歌》《二月里来》等。而由著名诗人光未然作词、冼星海作曲的《黄河大合唱》更是谱写了人民大众的呼声,发出了中华民族不畏强敌的怒吼。

4.戏剧

在抗战早期的戏剧舞台上,主要以独幕剧、街头剧、活报剧为主。如集体创作的《保卫卢沟桥》《台儿庄》《放下你的鞭子》,田汉的《卢沟桥》,周扬、沙可夫的《血祭上海》,崔嵬、王震之的《八百壮士》,夏衍的《咱们要反攻》,荒煤的《打鬼子去》等。根据地艺术工作者的创作有歌剧《白毛女》以及延安文艺工作者改编演出的京剧《逼上梁山》《三打祝家庄》等。

5.电影

《抗战特辑》《抗战号外》等都真实地向观众展现了卢沟桥、淞沪、平型关、台儿庄等战役的情况,激发了人民的抗战热情。艺术片如史东山编导的《保卫我们的土地》,阳翰笙编剧、应云卫导演的《八百壮士》等,也都直观地反映了中国军民英勇抵抗侵略者的事迹。

6.美术

叶浅予、张乐平、廖冰兄等都是这一时期涌现出的活跃的艺术家,张乐平创造的三毛形象至今仍具有生命力。

第二部分　课后习题详解

1.概述抗战文艺发展的主要表现。

答:(1)抗日文化团体的建立和抗战刊物的出版:①1935 年,上海文化界救国会正式成立,随后,中华全国文艺界抗敌协会以及各专门性的全国文艺团体如中华全国电影界抗敌协会、中华全国戏剧界抗敌协会、中华全国美术界抗敌协会等纷纷成立。②在文协以及各专门团体的领导下，全国各地相继成立了一些分会组织，并很快创刊出版了《抗战文艺》《笔阵》《文化岗位》等百余种刊物。而中共直接领导的《新中华报》《新华日报》等，更充分发挥了进步文化界鼓励人民坚持抗战的作用。

（2）多种艺术形式的发展：①诗歌方面涌现出一批优秀的作品，如艾芜的《我怀念宝山的原野》、王统照的《上海战歌》、老舍的《剑北篇》等。②音乐方面，一批著名的音乐家如冼星海、吕骥、张曙等创作了一大批令人难忘的战歌，如《武装保卫山西》《到敌人后方去》《在太行山上》等。③戏剧舞台上，主要以独幕剧、街头剧、活报剧为主，如集体创作的《保卫卢沟桥》《台儿庄》、田汉的《卢沟桥》等。④电影方面，电影工作者深入前线，拍摄了许多反映真实战争的纪录片，如《抗战特辑》《抗战号外》等。⑤美术界：涌现出一大批著名作者，如叶浅予、张乐平、廖冰兄等，张乐平创造的三毛形象至今仍具有生命力。

2. 简要分析抗战文艺活动的意义。

答：（1）发挥了进步文化界鼓励人民坚持抗战的作用，鼓舞了中华民族不畏强暴、为民族独立而不断斗争的精神。

（2）继续并发扬了“五四”新文学运动的优良传统。在艰苦复杂的历史条件下，形成了以进步作家、艺术家为骨干的文艺界统一战线，文艺家们从各个角度表现了神圣的民族解放战争，揭露了侵略者的野蛮和残暴，歌颂了人民顽强不屈的精神，抨击了破坏抗战的种种黑暗事物。

（3）文学与人民的关系进一步密切，作者与群众有了不同程度的结合，这在延安和各根据地尤为显著。

第三部分　典型习题详解

一、填空题

1. 1938 年 3 月 27 日，________在汉口成立，这是第一家全国性的文化界救亡团体。

2.《黄河大合唱》由________作词、________作曲。

【答案】

1. 中华全国文艺界抗敌协会　2. 光未然　冼星海

二、选择题

1. 以下哪部电影不属于抗战前后的文艺作品？（　　）

A.《抗战特辑》　B.《保卫我们的土地》　C.《八百壮士》　D.《定军山》

2. 以下哪位作家不属于左翼作家联盟？（　　）

A. 鲁迅　B. 茅盾　C. 郭沫若　D. 巴金

【答案】

1. D　2. D

第四十七章　民主党派的产生和发展

第一部分　考点归纳

一、中国国民党革命委员会

中国国民党革命委员会,简称民革,1948 年 1 月 1 日在香港成立,宋庆龄为首任名誉主席,李济深为主席。

中国国民党革命委员会在中国共产党领导下,保持了正确的政治方向,经历了民主革命和社会主义两个不同的历史阶段,为我国民主革命和社会主义事业作出了重要贡献。

二、中国民主同盟

中国民主同盟,简称“民盟”,它的前身是中国民主政团同盟,1944 年改组为中国民主同盟。它是以从事文化教育方面工作的知识分子为主的社会主义劳动者和拥护社会主义的爱国者的政治联盟。

抗日战争时期,民盟同共产党合作,共同为坚持抗战、反对投降、坚持团结而奋斗。抗战胜利后,民盟最先发出“民主统一、和平建国”的呼吁,并提出和平建国的十条政治主张。1947 年 11 月被国民党宣布为非法团体,民盟自动解散,中间道路的政治幻想彻底破灭。

三、中国民主建国会

中国民主建国会,简称民建,成立于 1945 年 12 月,它的主要成员为民族工商业者,主要发起人有黄炎培、胡厥文、章乃器等。

民建成立后,主张政治民主化、军队国家化。民建声称自己“不右倾,不左袒”,

只是想替中国建立起一个政治上和平奋斗的典型,强调“和平统一、民主集中”的基本原则。

四、中国民主促进会

中国民主促进会,简称民进,于 1945 年 12 月 30 日在上海成立。中国民主促进会的基本成员为文教界的知识分子,多为中小学教师和出版工作者。

民进成立时的政治诉求主要是要求国民党改革政权,结束一党专制、还政于民,停止内战,击退外国军队,重新制定宪法,实行普选,保障人民言论、出版、集会结社及人身自由等政治主张。

五、中国农工民主党

中国农工民主党,简称农工党,于 1930 年 8 月 9 日在上海成立。在民主革命期间,农工党同中国共产党建立了亲密的合作关系,为新民主主义革命的胜利和新中国的建立作出了重要贡献。其主要成员是医药卫生、人口资源和生态环境领域的高中级知识分子,具有政治联盟的特点。

六、中国致公党

中国致公党由华侨社团美洲致公堂发起,于 1925 年 10 月在美国旧金山成立。中国致公党是以归侨、侨眷中的中上层人士和其他有海外关系的代表性人士为主组成的,具有政治联盟的特点,是中国共产党领导的多党合作和政治协商制度中的中国特色社会主义参政党。

七、九三学社

九三学社原名“民主科学座谈会”,1944 年年底成立于重庆。1946 年 5 月 4 日,定名九三学社。九三学社的成员大都是文教科技界的高级知识分子,主要领导人有许德珩等。

九三学社主张政治民主化、军队国家化;争取人民的基本自由;反对官僚政治,主张肃清贪污;反对官僚资本,主张建立以民生为主的经济制度,迅速完成国家工业化;主张学术思想的绝对自由,积极普及国民教育。在成立之初呼吁停止内战,为反对国民党反动派的内战、独裁政策,争取和平、统一和民主而作出努力。

八、台湾民主自治同盟

台湾民主自治同盟，简称台盟，成立于 1947 年 11 月 12 日，是由台湾省社会主义劳动者、社会主义事业建设者和拥护社会主义爱国者组成的政治联盟，是接受中国共产党领导、同中国共产党通力合作的亲密友党，是中国共产党领导的多党合作和政治协商制度中的中国特色社会主义参政党。

第二部分　课后习题详解

1. 各民主党派的主要诉求是什么?

答:(1)中国的民主党派，少数成立于大革命时期和十年内战时期，多数成立于抗日战争和全国解放战争时期。主要有:中国国民党革命委员会、中国民主同盟、中国民主建国会、中国民主促进会、中国农工民主党、中国致公党、九三学社、台湾民主自治同盟。

(2)鼓吹“中间路线”的民主党派者主张:在政治上，“必须实现英美式的民主政治”，但不准地主官僚资本家操纵;在经济上，“应当实行改良的资本主义”，但不容官僚买办资本横行。而实行的方法，则是走和平的改良道路。他们所提倡的，是资产阶级共和国的方案;他们所主张的，实质上是旧民主主义的道路。

(3)中国各民主党派的政治纲领不尽相同，但都主张爱国、反对卖国，主张民主、反对独裁。在这些方面，它们同中国共产党的新民主主义革命政党的立场基本上是一致的。因此，它们从成立的时候起，大多同中国共产党建立了不同程度的合作关系，并在斗争实践中逐步地发展了这种关系。

2. 谈谈民主党派在中国近代民主革命中的作用。

答:(1)我国各民主党派形成时期的政治纲领主要是反帝爱国和要求民主，这与中国共产党的最低纲领即在新民主主义革命阶段的纲领的要求基本一致，因而它们与中国共产党能够在共同的政治基础上建立起不同程度的合作关系。各民主党派在抗日战争时期和反对国民党独裁统治的斗争中，同中国共产党有过长期合作的光荣历史。

(2)在抗日战争时期，它们同共产党合作，共同为坚持抗战、反对投降，坚持团结、反对分裂，坚持进步、反对倒退而协力奋斗;在抗战胜利后“旧政协”和国共和谈期间，它们作为“第三方面”，主要同共产党一起，为反对国民党反动派的内战、独裁政策,争取和平、统一和民主而作出努力;在国民党反动派悍然撕毁政协决议,发动全面内战的时刻,它们严正声明不参加、不承认国民党召开"伪国大"及其所制定的"伪宪法",积极参与了国统区爱国民主运动。

(3)1948 年 4 月 30 日,中共中央发出召开新的政治协商会议,成立民主联合政府的号召以后,各民主党派纷纷发表公开宣言、决议和通电,响应中国共产党的号召,其领导人应中国共产党邀请,陆续进入解放区,宣布接受中国共产党的领导,参加筹备新政协。这时,各民主党派已经转变成为具有新民主主义性质的政党。1949 年 9 月,各民主党派同中国共产党一道参加了中国人民政治协商会议第一届全体会议,参与制定了具有临时宪法性质和作用的《中国人民政治协商会议共同纲领》,选举了中央人民政府,为中华人民共和国的创建作出了贡献。

第三部分　典型习题详解

填空题

1949 年 9 月,中国人民政治协商会议第一届全体会议,参与制定了具有临时宪法性质和作用的________。

【答案】

《中国人民政治协商会议共同纲领》

第四十八章　重庆谈判与政治协商会议

第一部分　考点归纳

一、重庆谈判

1945 年 8 月，蒋介石邀请毛泽东到重庆共商国家大计。中共为争取和平建国，于 8 月 28 日派遣毛泽东、周恩来、王若飞等飞赴重庆，与国民党方面进行和平谈判。

经过长达 43 天的艰苦谈判，国共两党于 1945 年 10 月 10 日签订了《政府与中共代表会谈纪要》，这个纪要后来被称为“双十协定”。

重庆谈判的举行和“双十协定”的签订，具有重要的历史意义，它迫使国民党同意中共提出的和平建国的基本方针，承认以和平、民主、团结、统一为基础，长期合作，坚决避免内战，建设独立、自由和富强的新中国，彻底实行三民主义，承认政治民主化、军队国家化以及各党派平等合法等为通往和平建国的必由途径。确认国民党应该尽快结束训政，召开政治协商会议，取消特务机关，释放政治犯，保障人民的民主权利等。所有这些都在一定程度上制约了国民党再次发动内战的企图，为避免内战、和平建国创造了一个有利的环境。

二、政治协商会议

在停战协定签订的同时，按照“双十协定”的规定，各党派代表和社会贤达在重庆举行政治协商会议。1946 年 1 月 10 日，政治协商会议在重庆开幕。政治协商会议的焦点是政治民主化和军队国家化。由于全国人民的压力和共产党的努力，以及民主党派和无党派人士的合作，会议通过了有利于人民的政协决议。决议内容包括改组国民政府、召开国民大会、整编全国军队、制定宪法等。会议通过了五项议案，即《国民大会案》《宪法草案案》《政府组织案》《军事问题案》《和平建国案》。

这份政协决议冲破了蒋介石的独裁统治,有利于实现民主政治与和平建国,在许多方面反映了人民的愿望,受到普遍欢迎。但是,政协决议很快被国民政府撕毁,这次实现民主统一、和平建国的尝试也化为泡影。

第二部分　课后习题详解

1. 抗战胜利后,中国共产党是如何争取和平、民主的?

答:(1)1945 年 8 月,蒋介石邀请毛泽东到重庆共商国家大计。为了尽力争取和平,揭露反动派假和平的阴谋,毛泽东、周恩来等赴重庆与国民党当局进行谈判,双方签署《政府与中共代表会谈纪要》(即"双十协定"),确认和平建国的基本方针。

(2)以周恩来为首的中共代表团与民主同盟等民主党派和无党派人士的代表密切合作,同国民党当局认真协商,推动重庆政治协商会议通过了《国民大会案》《宪法草案案》《政府组织案》《军事问题案》《和平建国纲领》。

(3)确定"向北发展,向南防御"的战方针,以集中力量争取控制具有重要战地位的东北地区;各解放区抓紧减租、生产和练兵,做好自卫战争的准备。

2."双十协定"的历史意义是什么?

答:(1)它迫使国民党同意中共提出的和平建国的基本方针,承认以和平、民主、团结、统一为基础,长期合作,坚决避免内战,建设独立、自由和富强的新中国。

(2)彻底实行三民主义,承认政治民主化、军队国家化以及各党派平等合法等为通往和平建国的必由途径。

(3)确认国民党应该尽快结束训政,召开政治协商会议,取消特务机关,释放政治犯,保障人民的民主权利等。

(4)一定程度上制约了国民党再发动内战的企图,为避免内战、和平建国创造了一个有利的环境。

(5)双十协定是以国共两党协商方式产生的一个正式文件,它的发表,表明了国民党不得不承认中共的平等地位。

第三部分　典型习题详解

一、填空题

1. 1945 年 8 月,毛泽东等赴重庆谈判,10 月 10 日国共双方签署了________。

2.“双十协定”,又称________。

【答案】

1.“双十协定”　2.《政府与中共代表会谈纪要》

二、选择题

1.有关重庆谈判,下列不符合史实的是(　　)。

A.第二次世界大战结束之后,美苏两国基于自身的国家利益,都希望中国维持和平

B.政治协商会议是国民党政府对中国共产党释出的一种和平的善意

C.“双十协定”的签署,在一定程度制约了国民党发动内战,也为中国共产党在之后的斗争中争取了主动

D.军队国家化和解放区政权问题是双方斗争的焦点,但在这两个问题上都没有达成协议

2.1946年召开的政治协商会议具有重要的历史意义,以下不符合史实的是(　　)。

A.政治协商会议使民主建国成为一种可能

B.这次会议否定了国民党一党专政的独裁政治制度

C.这次会议后,共产党在政治上占了主动,蒋介石国民政府如果违背协议发动内战,就将在政治上陷入被动地位

D.国民党被迫承认了党派存在的合法性和承认各党派的平等地位

3.毛泽东亲赴重庆谈判的首要目的是(　　)。

A.争取人民军队和解放区的合法地位

B.揭露美蒋反动派的假和平阴谋

C.尽力争取和平,避免内战

D.团结和教育广大人民

【答案】

1.B　2.A　3.B

第四十九章　解放战争

第一部分　考点归纳

一、国民党发动内战

1946 年 2 月 10 日，为了庆祝政治协商会议取得的成功，也为了迫使蒋介石实践政协各项决议，重庆各界人士在较场口集会，参加大会群众近万人。正当万名群众静候会议开幕时，数百名国民党特务蜂拥而上，挥舞铁棍，乱丢石子，夺走扩音器，破坏大会。较场口事件后不久，国民党军队完成各项军事部署，做好发动全面内战的准备。蒋介石不顾人民的反对，公然撕毁停战协议和政协决议，发动了内战。

二、第二条战线

1. 内容

1947 年 5 月 20 日，南京、北平、天津等城市爆发了大规模的反饥饿、反内战、反迫害游行，是为“五二〇”运动。北平学生在请愿书中明确提出：“我们追根求源，知道目前中国社会一切混乱不安的局面，都是因为政治上不民主及打内战的关系，所以我们更要求政府，立即停止内战，恢复政协路线，实行民主政治。”这些要求呼应了中共的政治主张，标志着第二条战线的形成。

2. 意义

这样中国境内就有了两条战线。蒋介石进犯军和人民解放军的战争，这是第一条战线。伟大的正义的学生运动和蒋介石反动政府之间的尖锐斗争是第二条战线。第二条战线的出现，给国民党以沉重的打击，有力地配合了人民解放军在战场上的斗争。

三、解放区军民的自卫反击

1. 孟良崮战役

1947 年 5 月 13 日至 16 日，陈毅、粟裕遵照毛泽东的指示，指挥华东野战军在孟良崮进行了一场山地运动歼灭战，全歼国民党“五大主力之首”的整编第 74 师。孟良崮战役一举扭转了华东战局，鼓舞了人民解放军的士气，是解放战争由战略防御转为战略进攻的重要转折点。

2. 解放区的土地改革

为应对当时的实际情况，中共中央决定在解放区实行土地改革运动，于 1947 年 9 月 13 日制定了实行土改的基本文献《中国土地法大纲》。1947 年《中国土地法大纲》规定：没收地主土地，废除封建剥削的土地制度，实行耕者有其田的土地制度，按农村人口平均分配土地。在土地改革中，中国共产党贯彻依靠贫雇农，团结中农，有步骤地、有分别地消灭封建剥削制度，发展农业生产的土地改革总路线。1947 年《中国土地法大纲》的实施，调动了农民的积极性，成为解放战争迅速取得胜利的一个可靠保证。

四、三大战役

1948 年 9 月至 1949 年 1 月，解放军连续进行了辽沈、淮海、平津三大战役，国民党赖以维持其政治统治和发动内战的精锐部队几乎丧失殆尽，中共实际上已有效地控制住长江中下游以北的大半个中国。

1. 辽沈战役(1948 年 9 月 12 日—11 月 2 日)

辽沈战役是中国人民解放军东北野战军在辽宁西部和沈阳、长春地区对国民党军进行的战略性决战。战役的关键在于攻克锦州。辽沈战役历时 52 天，共歼灭国民党军 47 万余人，东北全境获得解放。

2. 淮海战役(1948 年 11 月 6 日—1949 年 1 月 10 日)

淮海战役是中国人民解放军华东野战军、中原野战军在以徐州为中心，东起海州（连云港），西至商丘，北起临城（今枣庄市薛城），南达淮河的广大地区，对国民党军进行的战略性进攻战役。淮海战役是解放军牺牲最重、歼敌数量最多、政治影响最大、战争样式最复杂的战役，基本解放了长江以北的华东和中原地区。

3. 平津战役(1948 年 11 月 29 日—1949 年 1 月 31 日)

平津战役是中国人民解放军东北、华北野战军以北平(今北京)、天津为中心,对国民党军进行的战略性决战。由林彪、罗荣桓、聂荣臻组成平津战役总前委。在本次战役中,解放军以伤亡 3.9 万人的代价,消灭及改编国民党军 3 个兵团、13 个军、50 个师,共计 52.1 万人,解放了包括北平、天津在内的华北大片地区。

三大战役以后,东北、华北和华东三大解放区连成一片,为解放长江以南地区奠定了基础。

五、七届二中全会

1. 内容

1949 年 3 月 5 日至 13 日,中国共产党在河北省平山县西柏坡村召开了七届二中全会。毛泽东主持了会议并作了重要报告。全会规定了党在全国胜利后在政治、经济、外交方面应当采取的基本政策;指出中国由农业国转变为工业国、由新民主主义社会转变为社会主义社会的发展方向;指出党的工作重心必须由乡村转移到城市;对革命胜利后国内外阶级斗争的新形势做了估计。毛泽东告诫全党必须警惕"糖衣炮弹"的攻击,提出了"两个务必"思想等。

2. 意义

会议作出的各项政策规定对即将到来的全国性革命胜利和新中国的建设有重大的指导作用,解决了革命胜利以后,中国由新民主主义革命向社会主义革命转变的重大问题。

六、和平谈判与解放南京

1. 北平和平谈判

从 1948 年秋至 1949 年年初,辽沈、淮海、平津三大战役相继胜利,人民解放战争的胜利已成定局。这时国民党提出国共和谈,以争取时间,卷土重来。1949 年 1 月 14 日,毛泽东提出了八项和谈条件。经过十多天的谈判,几经修改,双方达成《国内和平协定》。1949 年 4 月 20 日,国民党反动政府拒绝在和平协定上签字,国共和谈全面破裂。

2. 渡江战役及中华民国的终结

1949 年 4 月 20 日,毛泽东、朱德发布《向全国进军的命令》,解放军遵照中共中央军事委员会主席毛泽东和解放军总司令朱德的命令,立即向全国进军,百万雄师横渡长江天险。三路大军胜利渡江，4 月 23 日占领南京，标志着国民党反动统治被彻底推翻。

【真题回顾】南京既是近代史的起点，又是近代史的终点。与终点相关的历史事件是(　　)。

A. 孙中山就任临时大总统　　B. 政治协商会议的召开

C. 渡江战役　　D. 太平天国定都天京

【答案】C

第二部分　课后习题详解

1. 中国人民解放军是怎样从战略反攻到取得战略决战胜利的?

答:(1)1947 年 6 月，刘伯承、邓小平率领晋冀鲁豫解放军主力渡过黄河，千里跃进大别山，揭开了战略反攻的序幕。

(2)1948 年 9 月至 1949 年年初，人民解放军连续发动辽沈、淮海、平津三大战役，国民党军队的主力基本上被消灭。

(3)1949 年 4 月，人民解放军百万雄师横渡长江，解放南京，推翻了国民党政权的统治。

2. 除了军事上的溃败，国民党在政治上是如何失败的?

答:(1)国民党政治上专制独裁，是其最大的政治失败，也是其党、政、军内政腐败的根源。自宣布进入“训政”阶段后，国民党借此独揽政权，尽管抗战时期有所改变，但总体上并无大的变化。

(2)由于法律制度失效，不少国民党政府机构效率极低。

(3)五院制并未实现权力相互制衡，在实际运作中，权力高度集中，监察院和司法院都形同虚设，难以发挥监督腐败的作用。

(4)在地方，因为国民党难以在短时间内训练足够多的基层管理人员，以致很多岗位被土豪劣绅所占据，基层秩序极为混乱。基层组织腐败现象十分严重，直接损害了整个政治体制的基础。

第三部分　典型习题详解

一、填空题

1. 1946 年，国民党大举进攻________，标志着全面内战的开始。

2. 1947 年,中共制定了________,各解放区掀起了土地改革运动,为解放战争奠定了群众基础和物质基础。

3. 1947 年 6 月,________和邓小平率军主力千里跃进大别山,揭开了战略反攻的序幕。

4. 1948 年 9 月到 1949 年 1 月,中共中央领导解放军先后发动辽沈、________、平津三大战役,基本上消灭了国民党军队的主力。

5. 1949 年,中共召开________,毛泽东指出党的工作重心由乡村转移到城市,并提出促进革命取得全国胜利的方针。

6. 1949 年 4 月人民解放军横渡长江,解放________,标志着国民党统治覆灭。

【答案】

1. 中原解放区　2.《中国土地法大纲》　3. 刘伯承　4. 淮海　5. 七届二中全会　6. 南京

二、选择题

1. 在国民党的重点进攻中,全歼美械装备的国民党精锐部队整编 74 师的解放军部队是(　　)。

A. 西北野战军　B. 中原野战军　C. 东北野战军　D. 华东野战军

2. 解放战争第二年人民解放军作战任务的特点是(　　)。

A. 粉碎国民党的重点进攻　B. 举行全国规模的反攻,扩大解放区

C. 由内线作战转向外线作战　D. 外线作战与内线作战同时进行

3. 下列对淮海战役的表述中,不正确的是(　　)。

A. 是由中原野战军和东北野战军合力进行的战役

B. 是以徐州为中心展开的战役

C. 是"人民群众用小车推出来的"的战役

D. 为人民解放军解放长江以南各省奠定基础

4. 1945 年 8 月,毛泽东指出"抗日战争阶段过去了,新的情况和任务是国内斗争"。当时,这个斗争主要集中在(　　)。

A. 建设什么性质国家之争　B. 解放区与国统区关系之争

C. 军队与政党的关系之争　D. 国共两党关系的斗争

5. 陈毅在一首诗中写道:"江汉战术刘邓捷,中原重见李郑回。陈谢挥戈下宛洛,聂杨立马薄燕台。"诗中反映的是(　　)。

A. 解放军粉碎敌人对陕北的重点进攻

B. 解放军粉碎敌人对山东的重点进攻

C. 解放军开展战略反攻

D. 解放军开始进行战略决战

【答案】

1. D　2. C　3. A　4. A　5. C

三、名词解释

《中国土地法大纲》

答:《中国土地法大纲》是 1947 年 7 月中共中央工作委员会召开全国土地会议通过的一份指导土改运动的纲领性文件。它规定彻底废除封建性及半封建性剥削的土地制度,实行耕者有其田的土地制度,保护民族工商业的发展。大纲颁布后,各解放区人民政府根据本地区实际情况又颁布了补充条例,通过土地改革,废除了封建土地制度,摧毁了帝国主义和国民党政府的统治基础,巩固了根据地;农民分到了土地,为了保护自己的革命果实,组织人民武装,建立人民政权,并积极参加人民解放军,革命热情被激发出来,促进了社会生产力的发展,为解放战争的胜利奠定了物质基础。

第五十章　中华人民共和国成立

第一部分　考点归纳

一、中国人民政治协商会议第一届全体会议

1. 会议内容

1949 年 9 月 21 日至 30 日,中国人民政治协商会议第一届全体会议在北平举行,宣告中国人民政治协商会议正式成立。毛泽东在全体会议上致开幕词。会议选举产生中央人民政府,毛泽东当选为中央人民政府主席。会议通过了起临时宪法作用的《中国人民政治协商会议共同纲领》。会议还决定了国旗、国歌和定都北京、采用公元纪年。中国人民政治协商会议以人民民主统一战线为组织形式,它的召开标志着中国人民民主革命的胜利。中国人民政治协商会议的成功召开,初步建立了中国共产党领导的多党合作和政治协商制度。

2.《中国人民政治协商会议共同纲领》

《中国人民政治协商会议共同纲领》是具有临时宪法性质的重要文献,规定了中华人民共和国是新民主主义即人民民主主义的国家,是以工人阶级领导的、以工农联盟为基础的、团结各民主阶级和国内各民族的人民民主专政的国家。

二、开国大典

1949 年 10 月 1 日下午 3 时整,盛大的开国大典在北京天安门广场隆重举行。毛主席庄严宣布:“中华人民共和国中央人民政府今天成立了。”升旗之后,毛泽东在天安门城楼上宣读了《中华人民共和国中央人民政府公告》,用强有力的语调,向全民界发出了新中国的声音。

开国大典宣告了中华人民共和国的诞生！宣告了中华民族的新生！揭开了中国历史的新篇章。中国人民从此站立起来，独立统一的中华人民共和国开始朝着社会主义道路迈进。

第二部分　课后习题详解

1.试述中国革命胜利的伟大意义。

答：(1)中国革命的胜利，在我国结束了极少数剥削者统治广大劳动人民的历史，结束了帝国主义、殖民主义奴役中国各族人民的历史，建立起一个统一的人民民主专政的国家，劳动人民成了新国家新社会的主人。

(2)从根本上改变了中国社会的发展方向，中国革命的胜利是中国历史的伟大转折点，中国历史从此进入一个新纪元。

(3)中国革命的胜利，改变了世界政治力量的对比，激励了许多类似中国这样受帝国主义、殖民主义剥削压迫的国家的人民，增强了他们前进的信心，也极大地增强了世界和平的力量。中国革命的胜利，是第二次世界大战以后最重大的政治事件，对国际局势和世界人民斗争的发展具有深刻的久远的影响。

(4)中国革命的胜利，是马克思主义在中国的胜利，是马克思列宁主义的普遍原理和中国革命的具体实践相结合的毛泽东思想的胜利，这对于马克思列宁主义的发展是一个重大的贡献。

2.谈谈开国大典。

答：(1)开国大典是 1949 年 10 月 1 日，在北京为中华人民共和国中央政府成立而举行的仪式，是中华人民共和国成立的标志。

(2)中华人民共和国的成立，是中国有史以来最伟大的事件，也是二十世纪世界最伟大的事件之一，揭开了中国历史的新篇章。它结束了少数剥削者统治广大劳动人民和帝国主义奴役中国各族人民的历史，中国人民从此成为国家的主人，中华民族的发展开启了新的历史纪元。

(3)中华人民共和国的成立，是马克思主义在中国的伟大胜利，是马克思主义的基本原理同中国革命具体实践相结合的毛泽东思想的伟大胜利。

第三部分　典型习题详解

一、填空题

中华人民共和国实行________领导的、以________为基础的、团结各民主阶级和国内各民族的人民民主专政。

【答案】

工人阶级　工农联盟

二、选择题

1. 资本主义道路在近代中国是行不通的,原因包括(　　)。

A. 中国民族资产阶级及并没有彻底反帝反封建的勇气和能力

B. 帝国主义列强的阻挠

C. 蒋介石政府的独裁政策也不允许中间路线的出现

D. 以上原因都是

2. 中华人民共和国的成立,以下结论不符合事实的是(　　)。

A. 帝国主义压迫中国的历史从此结束

B. 从根本上改变了中国社会的发展方向

C. 中国从此结束了闭关锁国的历史

D. 证明了只有中国共产党才能救中国

【答案】

1. D　2. C

图书在版编目（CIP）数据

艺考. 中国历史题解 / 张笛主编. -- 北京：中国传媒大学出版社，2020. 11（2024.10 重印）
（艺考同步辅导系列丛书）
ISBN 978-7-5657-2804-4

Ⅰ. ①艺… Ⅱ. ①张… Ⅲ. ①中国史课—高中—升学参考资料 Ⅳ. ①G634

中国版本图书馆 CIP 数据核字（2020）第 209007 号

艺考：中国历史题解

YIKAO：ZHONGGUO LISHI TIJIE

主　　编　张　笛
策划编辑　赵　欣
责任编辑　赵　欣
特约编辑　高卓毓
责任印制　李志鹏
封面设计　拓美设计

出版发行　中国传媒大学出版社
社　　址　北京市朝阳区定福庄东街 1 号　　邮　　编　100024
电　　话　86－10－65450528　65450532　　传　　真　65779405
网　　址　http://cucp.cuc.edu.cn
经　　销　全国新华书店

印　　刷　三河市东方印刷有限公司
开　　本　710mm×1000mm　1/16
印　　张　14.75
字　　数　250 千字
版　　次　2020 年 11 月第 1 版
印　　次　2024 年 10 月第 6 次印刷

书　　号　ISBN 978-7-5657-2804-4/G·2804　　定　　价　45.00 元

本社法律顾问：北京嘉润律师事务所　郭建平